ビジネス日本語
『下町ロケット』で学ぶ！

12の社会人基礎力

Learning "Fundamental Skills for Business"
through *Downtown Rocket!*

【著】鹿目葉子／大橋真由美／榎原実香

Kurosio

くろしお出版

はじめに

　世界のグローバル化が進む中、日本企業も世界市場に進出し、国際競争力を強化していかなければなりません。大学などの高等教育機関では、これまで以上に世界で活躍する人材の育成が求められており、留学生教育への要望も高まっています。そのため、近年のビジネス日本語教育は、「言語形式習得の場」「言語技能獲得の場」から「人間形成の場」へとシフトしつつあります。

　それでは実際に、企業はどのような人材を求めているのでしょうか。企業が社会人に求める能力をまとめたのが「社会人基礎力」（経済産業省 2006）です。社会に出てさまざまな人と仕事をしていくために必要な基礎的な力とも言えるでしょう。**「社会人基礎力」とは、「前に踏み出す力」（主体性・働きかけ力・実行力）、「考え抜く力」（課題発見力・計画力・創造力）、「チームで働く力」（発信力・傾聴力・柔軟性・情況把握力・規律性・ストレスコントロール力）の３つの能力・12 の能力要素を指します**（p.14）。

　「社会人基礎力」を身に付けるためには、①各能力要素を知るだけでなく、②その能力がどのように発揮されるのか、③自分がその能力をどのくらいもっているのかを正しく理解し、日常の中で意識していく必要があります。本書は、小説『下町ロケット』シリーズ（第１〜４作）を題材に、社会に出て必要な 12 の社会人基礎力について学ぶことを目的としています。

『下町ロケット』シリーズとは？

作家・池井戸潤による人気シリーズ。宇宙科学開発機構の研究員だった佃航平が、父親の死により、佃製作所の社長となり、社員たちと奮闘する姿を描く！

『下町ロケット』	『下町ロケット ガウディ計画』	『下町ロケット ゴースト』	『下町ロケット ヤタガラス』

小学館文庫

⊙ なぜ『下町ロケット』で学ぶのか？

　小説『下町ロケット』シリーズでは、中小企業や大企業で働く人々、大学の研究者や農家の人々など、社会で働くさまざまな人々のリアルな人間模様が描かれています。登場人物たちが、さまざまな困難にぶつかり、必死に悩み考え、周囲に助けられながら、課題を解決していく姿に、私たちはいつの間にか引き込まれていきます。そして、自身も登場人物の一人になって、悩み考えていくうちに、ともに成長していることに気づくでしょう。

　『下町ロケット』を通して、日本の企業文化だけでなく、「働くとは何か」「働く上で求められる能力とは何か」などの勤労意識や労働観、「人として大切なことは何か」といった人生観までも学ぶことができるのです。

　高校生・大学生のキャリア教育の授業や企業の新人研修などの場で、留学生や研修生など含めた多くの方に役立てていただけると考えています。

　最後に、本書の制作過程で貴重なご意見をくださいました元タマサート大学教養学部日本語講座教授のワリントン・ウーウォン先生、元カセサート大学人文学部東洋言語学科准教授のブッサバー・バンチョンマニー先生、大学の授業で試用してくださいましたタマサート大学教養学部日本語講座専任講師の山本由美子先生、ビジネスメソッドに関する部分の監修をしてくださいました株式会社日本能率協会マネジメントセンター シニア HRM コンサルタントの中嶋裕様、語彙リストの翻訳をしてくださいました武田雅史様、唐雪様、Trần Công Danh（チャン・コン・ヤン）様にお礼を申し上げます。また、本書がこのような形になるまで多くの助言をくださったくろしお出版の相澤フヨ子さんに深く感謝申し上げます。

　本書を通して、一人でも多くの方が「社会人基礎力」を身に付け、グローバル社会で活躍してくれることを願っています。

2023 年 2 月

著者一同

もくじ

PART 1 社会人って？

PART 2 社会人に求められる 12 の力

PART **3**　これまでの自分・これからの自分

この本をお使いになる方へ

⊙ この本の構成

　この本は 3 つの PART に分かれています。PART 1「社会人って？」では、社会人と学生の違いを考え、社会人に求められる能力を理解します。PART 2「社会人に求められる12 の力」では、小説『下町ロケット』シリーズ（第 1 〜 4 作）の各場面を通して、「社会人基礎力」の能力要素について 1 つずつ理解を深めます。PART 3「これまでの自分・これからの自分」では、自分の過去を振り返り、自分の人生の中でどのように社会人基礎力が活かされてきたかを知り、将来の目標を定めることで、これからどのような力を身に付けなければならないかを考えます。

⊙ PART 2 の構成と使い方

　「社会人基礎力」には 12 の能力要素があります。PART 2 では、『下町ロケット』シリーズ（第 1 〜 4 作）を題材に、1 つの課で 1 つの能力要素について学びます。

　まず、各課に入る前に、『下町ロケット』シリーズの簡単なあらすじと主な登場人物の紹介ページを見てみましょう。『下町ロケット』シリーズの各作品と各課で取り上げる能力要素は次のようになっています。

佃製作所とは？（p.18）			
『下町ロケット』の世界 （p.20）	➡ 能力 1 発信力	➡ 能力 2 計画力	➡ 能力 3 ストレスコントロール力
『ガウディ計画』の世界 （p.46）	➡ 能力 4 傾聴力	➡ 能力 5 主体性	➡ 能力 6 実行力
『ゴースト』の世界 （p.72）	➡ 能力 7 情況把握力	➡ 能力 8 課題発見力	➡ 能力 9 規律性
『ヤタガラス』の世界 （p.98）	➡ 能力 10 働きかけ力	➡ 能力 11 創造力	➡ 能力 12 柔軟性

次に、各課に入りましょう。

◉ 1ページ目

能力

1 発信力（はっしん）！

＼発信力とは・・・／

自分の意見をわかりやすく伝（つた）える力

自分の意見をわかりやすく整理（せいり）した上で、相手（あいて）に理解（りかい）してもらうように的確（てきかく）に伝える。

経済産業省（2006）

◉ チェックしてみよう！

グループで、発表（はっぴょう）の資料（しりょう）を作成（さくせい）するための話し合いをしています。

Aさん	Bさん	Cさん	Dさん	Eさん
自分の意見は言わずに、相手の意見を黙って聞く。	自分が話したいと思ったときに、そのとき思いついたことを言う。	相手が理解しているかどうかは意識（いしき）せず、自分の意見を言う。	相手が理解できるように自分の意見を言う。	相手の意見を聞いてから、自分の意見を言う。

① あなたはどのタイプですか。

② 発信力があるのは、だれだと思いますか。

「社会人基礎力」の能力要素の説明（せつめい）を読んで、それぞれがどのような力かを知ります。

場面（ばめん）を読んで、自分ならこのようなときどのような行動をするかを選（えら）びます。そして、その課で学ぶ能力要素をもっている人ならどのような行動をするかを少し考えてみます。

◉ 2ページ目

下町ロケット 🚀

読む前に

☐ **資金繰（しきんぐ）り**　☐ **買収（ばいしゅう）**　☐ **特許侵害（とっきょしんがい）**　☐ **売却（ばいきゃく）**

　佃製作所（つくだせいさくしょ）は、エンジンの開発（かいはつ）に力を入れすぎたために、会社の経営状態（けいえいじょうたい）もよくなく、資金繰りが難しくなっていた。その上、佃製作所の買収を考えるライバル会社のナカシマ工業に特許侵害で訴（うった）えられることになった。佃製作所は、苦しい立場に立たされる。

3、4ページ目の Scene に入る前に、キーワードとなる語彙（ごい）や Scene の背景（はいけい）を理解します。語彙リスト（英語・中国語・ベトナム語訳（やく）付（つき））がウェブサイトにあります。理解が難（むずか）しい語彙はあらかじめ確認（かくにん）しておきましょう。

⊙ 3、4ページ目

Scene 1 迷走スターダスト計画 ●────────

唐木田

「使う当てのない特許なら、売却してもいいんじゃないですか。・・・ウチの会社にとって喫緊の課題は資金繰りじゃないですか。この特許を売却することによって、その問題が解決するのであれば、絶対にそうするべきです。みなさん認識が甘いようですが、生きるか死ぬかの瀬戸際にいるんですよ、我々は」

津野

「だからって、いわれるままにホイホイ売るのかよ。・・・売ることがベストの選択かどうか、考えてみろよ。たとえば、社長がいうように、相手に特許使用を認めるような契約をしたほうがウチとしてもビジネスの幅が広がるんじゃないか。売っちまったらそれで終

Scene を読んで、内容を理解します。音声と語彙リスト（英語・中国語・ベトナム語訳付）がウェブサイトにあります。音声を聞いたり、語彙リストを見たりしながら理解するのもよいでしょう。
Scene 中、セリフなどが省略されている部分にはすべて・・・が入っています。

⊙ 5、6ページ目

◎ **内容を確認しよう！** ───────

↓

問いに対して Scene から答えを探し、各 Scene で登場人物の社会人基礎力が現れている場面を確認します。正解は1つではありません。自分の言葉で答えを書くようにしましょう。

◎ **考えてみよう！** ───────

↓

Scene の中での登場人物の言動に対し、自分ならどのように評価、行動するかを考えます。

◎ **話し合ってみよう！** ───────

↓

「考えてみよう！」で考えたことを、他の人と共有して、対話を通して理解を深めます。

◎ **注目してみよう！** ───────

↓

Scene の中で特に注目したい登場人物の言動を取り上げ、分析します。

◎ **整理してみよう！** ───────

↓

その課で取り上げた能力要素について整理し、その能力を高めるにはどのようなことに気を付けたらいいかを考えます。

その課の能力要素をどのように身に付け、伸ばしていくかについて、ビジネスの手法を一例にして、登場人物の言動を振り返りながら、解説しています。発展的な読み物として使用するのもよいでしょう。

◉ 覚えておこう！

PREP法

仕事をスムーズに進めるためには、コミュニケーションが大切です。聞く相手のことも考えながら、自分の意見を「正確に・簡潔に・わかりやすく」伝える方法のひとつに「PREP法」があります。

PREP法とは？

最初に結論（Point）、次にその理由（Reason）を説明して、実際の例やデータ（Example）などを使って理由に説得力をもたせ、最後にもう一度結論（Point）を言う説明の仕方です。このような流れで話すと、自分の言いたいことが整理できますし、相手も内容が理解しやすくなります。無駄なやりとりが減るだけでなく、考えをまとめる習慣もつきます。

挑戦の終わりは新たな挑戦のはじまりだ——。

第7章「リフト・オフ6」より

『下町ロケット』シリーズ（第1〜4作）の中から、社会人基礎力に関連する佃のセリフを紹介しています。これからのあなたの人生に役立つかもしれません。

ウェブサイトにあるもの

https://www.9640.jp/books_926/

- 語彙リスト

日本語能力試験 N2 相当レベル以上と思われる語彙を抜き出しました。
英語・中国語・ベトナム語の訳が付いています。

- 音声

PART 2 の Scene の音声です。

- 解答例

PART 2 の「内容を確認しよう！」「注目してみよう！」の解答例です。

- 記入用紙

下記の記入用紙は、ダウンロードしてお使いいただけます。

PART 3
- ・人生曲線 _ p.127
- ・自分史 _ p.129
- ・自己 PR _ p.130
- ・マンダラチャート _ p.132

PART 1

社会人って？

このPARTでは、社会人と学生の違いを考え、
社会人に求められる能力を理解します。

1. **社会人になるということ**

2. **社会人に求められる能力**

3. **社会人基礎力とは？**

1 社会人になるということ

Q1： 学生と社会人の違いは何だと思いますか。

	学生	社会人
①時間の使い方	例：自由に使える時間が多い。	例：自由に使える時間が少ない。
②お金の使い方		
③社会からの評価		
④社会的責任		
⑤人間関係		
⑥その他		

Q2： あなたはどのような仕事がしたいですか。それはどうしてですか。

Q3： あなたにとって働くとは、どういうことですか。

Q4： 「社会人になる」とは、どういうことだと思いますか。

2 社会人に求められる能力

Q1: どのような人と一緒に働きたいですか。

- ☐ 明るい性格の人
- ☐ コミュニケーションがとれる人
- ☐ 気づかいができる人
- ☐ 好奇心が強い人
- ☐ 自己主張が強い人
- ☐ その他

Q2: どのような人が社会で活躍できると思いますか。

- ☐ 自ら積極的に何でも取り組める人
- ☐ 途中であきらめない人
- ☐ 自分の考えを伝えられる人
- ☐ 物事をさまざまな方向から考えられる人
- ☐ 社会のルールが守れる人
- ☐ その他

Q3: 企業は社員にどのような能力を求めていると思いますか。

3 社会人基礎力とは？

　経済産業省は 2006 年に「職場や地域社会で多様な人々と仕事をしていくために必要な基礎的な力」として「社会人基礎力」を発表しました。「社会人基礎力」は、「3 つの能力」と「12 の能力要素」で構成されています。「社会人基礎力」は、自分の能力を知り、成長目標を意識しながら行動することで、向上させることができます。これらの力は、企業で求められるだけでなく、高校や大学などでも教育することが期待されています。

「社会人基礎力（＝ 3 つの能力・12 の能力要素）」

前に踏み出す力（アクション）

一歩前に踏み出し、失敗しても粘り強く取り組む力

| 主体性 |
物事に進んで取り組む力

| 働きかけ力 |
他人に働きかけ巻き込む力

| 実行力 |
目的を設定し確実に行動する力

考え抜く力（シンキング）

疑問を持ち、考え抜く力

| 課題発見力 |
現状を分析し目的や課題を明らかにする力

| 計画力 |
課題の解決に向けたプロセスを明らかにし準備する力

| 創造力 |
新しい価値を生み出す力

チームで働く力（チームワーク）

多様な人々とともに、目標に向けて協力する力

発信力	自分の意見をわかりやすく伝える力
傾聴力	相手の意見を丁寧に聴く力
柔軟性	意見の違いや立場の違いを理解する力
情況把握力	自分と周囲の人々や物事との関係性を理解する力
規律性	社会のルールや人との約束を守る力
ストレスコントロール力	ストレスの発生源に対応する力

経済産業省（2006）

① くわしく勉強する前に、社会人基礎力の中であなたに足りないと思う力にチェックを入れてみましょう。

社会人基礎力

3つの能力		12の能力要素	✔
前に踏み出す力（アクション）	主体性	物事に進んで取り組む力	
	働きかけ力	他人に働きかけ巻き込む力	
	実行力	目的を設定し確実に行動する力	
考え抜く力（シンキング）	課題発見力	現状を分析し目的や課題を明らかにする力	
	計画力	課題の解決に向けたプロセスを明らかにし準備する力	
	創造力	新しい価値を生み出す力	
チームで働く力（チームワーク）	発信力	自分の意見をわかりやすく伝える力	
	傾聴力	相手の意見を丁寧に聴く力	
	柔軟性	意見の違いや立場の違いを理解する力	
	情況把握力	自分と周囲の人々や物事との関係性を理解する力	
	規律性	社会のルールや人との約束を守る力	
	ストレスコントロール力	ストレスの発生源に対応する力	

経済産業省（2006）

② あなたは、これからどのような力を身に付けたいですか。

PART **2**

社会人に求められる12の力

⚓ 佃製作所とは？

🚀 『下町ロケット』の世界

能力1 発信力	能力2 計画力	能力3 ストレスコントロール力
PREP法	報・連・相	ストレスコーピング

🫀 『ガウディ計画』の世界

能力4 傾聴力	能力5 主体性	能力6 実行力
アクティブリスニング	主体性と自主性	PDCAサイクル

🚜 『ゴースト』の世界

能力7 情況把握力	能力8 課題発見力	能力9 規律性
フォロワーシップ	デザイン・シンキング	インテグリティ

🚜 『ヤタガラス』の世界

能力10 働きかけ力	能力11 創造力	能力12 柔軟性
アサーティブ・コミュニケーション	アナロジカル・シンキング	TAPS法

• 「社会人基礎力（＝3つの能力・12の能力要素）」表

佃製作所とは？

　佃製作所は、東京都大田区にある、資本金 3000 万円、社員 200 名、売上 100 億円のエンジン部品を開発・製造する中小企業である。現在の社長の佃航平は、7 年前まで宇宙科学開発機構の研究員としてロケットエンジンの設計・製造に関わっていたが、父親の死により、佃製作所の社長となった。佃航平が社長になってからは、これまでの経験を活かし、小型エンジンやバルブシステムの開発に力を入れるようになり、その技術とノウハウ（know-how）では、大企業を超えると言われている。

佃製作所の主な商品

小型エンジン　　　　　　　　バルブシステム

バルブとは、液体や気体の流れる方向や量、圧力をコントロールする部品のこと。
「バルブを制する者は、ロケットエンジンを制する」と言われている。

佃 航平
（つくだ こうへい）

佃製作所の社長。宇宙科学
開発機構の元研究員。小さ
いころの夢は宇宙飛行士に
なること

殿村 直弘
（とのむら なおひろ）
（けいりぶぶちょう）
経理部部長

山崎 光彦
（やまさき みつひこ）
（ぎじゅつ）
技術開発部部長

津野 薫
（つの かおる）
（えいぎょうだい）
営業第一部部長

唐木田 篤
（からきだ あつし）
営業第二部部長

光岡 雅信
（みつおか まさのぶ）
（ちょうたつか）
調達課の社員

軽部 真樹男
（かるべ まきお）
技術開発部の社員

立花 洋介
（たちばな ようすけ）
技術開発部の社員。
入社 5 年目

加納 アキ
（かのう）
技術開発部の社員。
入社 3 年目

『下町ロケット』の世界

　佃製作所は、小型エンジンやバルブシステムなどの開発・製造で売上を伸ばす一方で、開発に力を入れすぎたために、会社の経営状態が悪くなっていた。そんなある日、佃製作所は、ライバルメーカーのナカシマ工業から特許侵害で訴えられ、苦しい立場に立たされる。

　一方、国産ロケットの開発を目指す大企業の帝国重工は、ロケットエンジンの主な部品であるバルブシステムの技術開発に取り組んでいた。しかし、開発したバルブシステムの特許は、すでに佃製作所が取っていた。早くロケットを完成させるためには、佃製作所の特許技術が必要である。帝国重工は、佃製作所の特許技術を手に入れようと動き出す。

　佃製作所は、特許を売れば苦しい状況から逃れることができる。しかし、国産ロケットに自分たちが作ったバルブシステムを供給するのは、佃の夢でもあった。佃製作所はどうするのか。

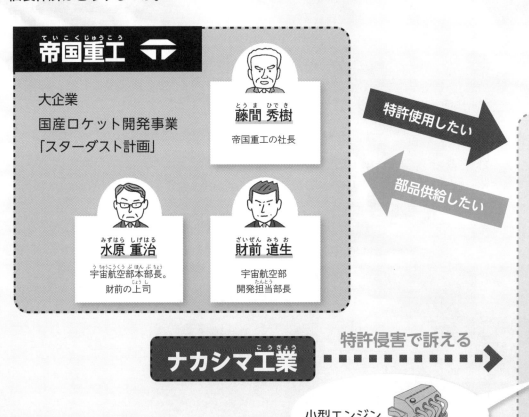

帝国重工　

大企業
国産ロケット開発事業
「スターダスト計画」

藤間 秀樹
帝国重工の社長

水原 重治
宇宙航空部本部長。
財前の上司

財前 道生
宇宙航空部
開発担当部長

特許使用したい

部品供給したい

ナカシマ工業　　　　特許侵害で訴える

小型エンジン

Mission

国産ロケットエンジンの
バルブシステムの供給・開発

ロケットエンジン

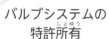
バルブシステムの
特許所有

佃製作所

中小企業
小型エンジン、バルブシステムの開発・製造

佃 航平
佃製作所の社長

殿村 直弘
経理部部長

山崎 光彦
技術開発部部長

津野 薫
営業第一部部長

唐木田 篤
営業第二部部長

1 発信力！

はっしん

\ 発信力とは・・・ /

自分の意見をわかりやすく伝える力

つた

自分の意見をわかりやすく整理した上で、相手に理解してもらうように的確に伝える。

せいり　　　　　　　　　あいて　りかい　　　　　　　　てきかく

経済産業省（2006）

◎ チェックしてみよう！

グループで、発表の資料を作成するための話し合いをしています。

はっぴょう　しりょう　さくせい　　　　　　あ

Aさん	Bさん	Cさん	Dさん	Eさん
自分の意見は言わずに、相手の意見を黙って聞く。	自分が話したいと思ったときに、そのとき思いついたことを言う。	相手が理解しているかどうかは意識せず、自分の意見を言う。	相手が理解できるように自分の意見を言う。	相手の意見を聞いてから、自分の意見を言う。

① あなたはどのタイプですか。

② 発信力があるのは、だれだと思いますか。

読む前に

□ **資金繰り**　　□ **買収**　　□ **特許侵害**　　□ **売却**

　佃製作所は、エンジンの開発に力を入れすぎたために、会社の経営状態もよくなく、資金繰りが難しくなっていた。その上、佃製作所の買収を考えるライバル会社のナカシマ工業に特許侵害で訴えられることになった。佃製作所は、苦しい立場に立たされる。

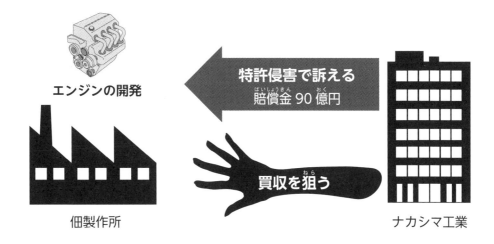

エンジンの開発

特許侵害で訴える
賠償金 90 億円

買収を狙う

佃製作所　　　　　　　　　　　　　　　　　　ナカシマ工業

　そんな中、大企業である帝国重工の財前から、ロケットエンジンに載せるバルブシステムの特許を 20 億円で売ってほしいと提案された。

　帝国重工は、国産ロケットの開発計画「スターダスト計画」を進めており、その打ち上げ成功のためには、性能がいいバルブシステムをエンジンに載せる必要があった。そのバルブシステムの特許を佃製作所がもっていたのだ。

20億円で特許を売ってほしい

財前　　　　　　　　佃

　財前との話し合いの後、佃は帝国重工からの提案について、社員たちと緊急会議を開いた。

（第 2 章「迷走スターダスト計画」から要約）

Scene 1　迷走スターダスト計画

唐木田

「使う当てのない特許なら、売却してもいいんじゃないですか。・・・ウチの会社にとって喫緊の課題は資金繰りじゃないですか。この特許を売却することによって、その問題が解決するのであれば、絶対にそうするべきです。みなさん認識が甘いようですが、生きるか死ぬかの瀬戸際にいるんですよ、我々は」

津野

「だからって、いわれるままにホイホイ売るのかよ。・・・売ることがベストの選択かどうか、考えてみろよ。たとえば、社長がいうように、相手に特許使用を認めるような契約をしたほうがウチとしてもビジネスの幅が広がるんじゃないか。売っちまったらそれで終わりだ」

唐木田

「終わりじゃないさ。二十億円は残る。それで新しい技術を開発すればいいんだよ」

津野

「そんな簡単なもんじゃないだろ。甘く考え過ぎてないか」

佃

「殿村さんはどう思う？」

殿村

「経理部としては、金があるに越したことはありません。・・・二十億あったら助かる。でも、助かるから二十億で特許を売っていいかどうかは、別問題ではないでしょうか。・・・というのも正直、私には二十億円という金額提示が論外といっていいほどの安さに思えるからです。百億円でもおかしくない。普通に開発してそれぐらいかかるのなら、売るときにはマージンも乗せてもっと高く

売るのが当たり前です。・・・それに、もうひとつ大事なことがあります。・・・これは会社の本質に関わる問題だということです。ウチの売りは、自社開発した高い技術をベースにした商品開発です。その会社が、せっかく開発した世界的水準の技術を売却してしまう——うまくいえないんですが——それは、ウチのビジ

ネスの根幹から外れているような気がするんです。津野部長がおっしゃるように、売ってしまったらそれ以上はなにも広がらない。どうでしょう、山崎さん」

山崎

「オレは——オレは、あの技術はぜったいに手放したくありません」

唐木田

「感情論だろ、それ」

山崎

「違います。・・・あの特許はたしかに、大型水素エンジンを制御するための技術です。ですが、その用途は水素エンジンに限らない。もっと汎用性の高い、斬新なシス

テムなんですよ。売ればその可能性を捨てることになる。二十億円ぽっちでそれを捨てていいわけはありません。そんな安いもんじゃないんだ」

あなた

「　　　　　　　　　　　　　　　　　　　　」

◎ 内容を確認しよう！

「特許を売る」と言った人と「特許を売らない」と言った人はだれですか。
その理由も書いてみましょう。

	特許を売る	特許を売らない
言った人		
理由		

◎ 考えてみよう！

① あなたが説得されたのはだれのセリフですか。そのセリフは何ですか。

　　言った人：

　　セリフ：

② どうして、そのセリフに説得されましたか。

③「　　　」のところに、あなたのセリフを入れてみましょう。

④ どうして、そのセリフを考えましたか。

⑤「発信力」のある人とは、どのような人だと思いますか。

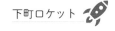

◉ **話し合ってみよう！**

「考えてみよう！①～⑤」について、他の人の考えを聞いてみましょう。

◉ **注目してみよう！**

音声を聞きながら、もう一度 Scene 1 を読んでみましょう。

① 殿村は、どのような話し方をしていますか。

　　□　相手にわかりやすい言葉を使っている。

　　□　論理的に話している。

　　□　相手が聞き取りやすいように、とても大きな声で話している。

　　□　声のスピードや強弱などに気を付けて、感情を込めて話している。

② 相手と話をするとき、どのようなことに気を付けたらいいと思いますか。

◉ **整理してみよう！**

① 発信力がわかりましたか。

　• 発信力とは、実際の例やデータを使って、筋道を立てて具体的にわかりやすく伝える能力のこと

　• 発信力とは、相手がどのような情報を求めているかを理解して伝える能力のこと

② あなたの「発信力」をもっと高めるためには、どのようなことに気を付けたらいいと思いますか。

PREP<ruby>法<rt>ブレッブほう</rt></ruby>

　<ruby>仕事<rt></rt></ruby>をスムーズに<ruby>進<rt>すす</rt></ruby>めるためには、コミュニケーションが<ruby>大切<rt></rt></ruby>です。<ruby>聞<rt>き</rt></ruby>く<ruby>相手<rt>あいて</rt></ruby>のことも<ruby>考<rt>かんが</rt></ruby>えながら、<ruby>自分<rt></rt></ruby>の<ruby>意見<rt></rt></ruby>を「<ruby>正確<rt>せいかく</rt></ruby>に・<ruby>簡潔<rt>かんけつ</rt></ruby>に・わかりやすく」<ruby>伝<rt>つた</rt></ruby>える<ruby>方法<rt></rt></ruby>のひとつに「PREP<ruby>法<rt></rt></ruby>」があります。

PREP法とは？

　<ruby>最初<rt>さいしょ</rt></ruby>に<ruby>結論<rt>けつろん</rt></ruby>（Point）、<ruby>次<rt>つぎ</rt></ruby>にその<ruby>理由<rt>りゆう</rt></ruby>（Reason）を<ruby>説明<rt>せつめい</rt></ruby>して、<ruby>実際<rt>じっさい</rt></ruby>の<ruby>例<rt>れい</rt></ruby>やデータ（Example）などを<ruby>使<rt>つか</rt></ruby>って<ruby>理由<rt></rt></ruby>に<ruby>説得力<rt>せっとく</rt></ruby>をもたせ、<ruby>最後<rt>さいご</rt></ruby>にもう<ruby>一度<rt></rt></ruby><ruby>結論<rt></rt></ruby>（Point）を<ruby>言<rt></rt></ruby>う<ruby>説明<rt></rt></ruby>の<ruby>仕方<rt></rt></ruby>です。このような<ruby>流<rt>なが</rt></ruby>れで<ruby>話<rt>はな</rt></ruby>すと、<ruby>自分<rt></rt></ruby>の<ruby>言<rt>い</rt></ruby>いたいことが<ruby>整理<rt>せいり</rt></ruby>できますし、<ruby>相手<rt></rt></ruby>も<ruby>内容<rt>ないよう</rt></ruby>が<ruby>理解<rt>りかい</rt></ruby>しやすくなります。<ruby>無駄<rt>むだ</rt></ruby>なやりとりが<ruby>減<rt>へ</rt></ruby>るだけでなく、<ruby>考<rt></rt></ruby>えをまとめる<ruby>習慣<rt>しゅうかん</rt></ruby>もつきます。

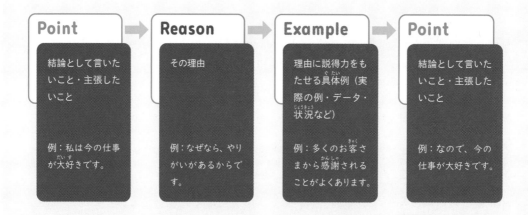

Point → **Reason** → **Example** → **Point**

Point	Reason	Example	Point
結論として言いたいこと・主張したいこと	その理由	理由に説得力をもたせる具体例（実際の例・データ・状況など）	結論として言いたいこと・主張したいこと
例：私は今の仕事が大好きです。	例：なぜなら、やりがいがあるからです。	例：多くのお客さまから感謝されることがよくあります。	例：なので、今の仕事が大好きです。

　ここで、殿村のセリフをもう一度見てみましょう。殿村は、20億円で特許を売らない
ほうがいいという意見（Point）、20億円は安いからという理由（Reason）、例えばどの
くらいで売れるかという具体的な説明（Example）、最後に、売ってしまわないほうがい
いという結論（Point）の順に話していることがわかります。

Point	Reason	Example	Point
「二十億あったら助かる。でも、助かるから二十億で特許を売っていいかどうかは、別問題ではないでしょうか」	「というのも正直、私には二十億円という金額提示が論外といっていいほどの安さに思えるからです」	「百億円でもおかしくない。普通に開発してそれぐらいかかるのなら、売るときにはマージンも乗せてもっと高く売るのが当たり前です」	「津野部長がおっしゃるように、売ってしまったらそれ以上はなにも広がらない」

　殿村は、PREP法の流れで説得力をもたせて意見を言うことができていましたね。
　レポートの作成やプレゼンテーションのとき、PREP法を意識して書いたり、話したり
してみましょう。

挑戦の終わりは新たな挑戦のはじまりだ──。

第7章「リフト・オフ6」より

2 計画力！

＼ 計画力とは・・・ ／

課題の解決に向けたプロセスを明らかにし準備する力

課題の解決に向けた複数のプロセスを明確にし、「その中で最善のものは何か」を検討し、
それに向けた準備をする。

経済産業省（2006）

◎ チェックしてみよう！

3か月後、資格試験を受けます。

Aさん	Bさん	Cさん	Dさん	Eさん
勉強の計画は立てず、勉強したいときにする。	勉強の計画は立てないが、日々目標を決めて勉強する。	勉強の計画は立てるが、計画通りにいかなくてもあまり気にしない。	勉強の計画を立てて、必ず計画通りに勉強する。	勉強の計画を立てて、日々勉強したことを確認し、目標を達成できるように計画を調整する。

① あなたはどのタイプですか。

② 計画力があるのは、だれだと思いますか。

読む前に

☐ 内製化（ないせいか）　　☐ 特許使用（とっきょしよう）　　☐ 部品供給（ぶひんきょうきゅう）

帝国重工（ていこくじゅうこう）が進（すす）める国産（こくさん）ロケット開発計画「スターダスト計画」では、主（おも）な部品（キーデバイス）はすべて、帝国重工内部（ないぶ）で作るという内製化（きほん）が基本だった。そのため、ロケットエンジンには帝国重工が作ったバルブシステムを使（よ）う予（てい）定だった。しかし、開発したバルブシステムの特許は、すでに佃製作所（つくだせいさくしょ）が取（と）っていた。

キーデバイスは
内製化！

藤間

バルブシステムの
特許所有（しょゆう）

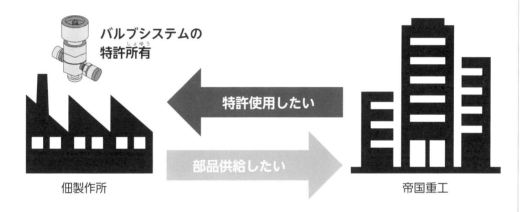

特許使用したい

部品供給したい

佃製作所　　　　　　　　　　　　　　帝国重工

部品供給
したい！

佃　　　　　財前

帝国重工は、佃製作所にバルブシステムの特許で先を越（こ）されただけではなく、特許の売却（ばいきゃく）も使用も断（ことわ）られてしまった。反対（はんたい）に、佃製作所は、自分たちが作ったバルブシステムを使ってほしいと言ってきた。

これから帝国重工がバルブシステムを製作（せいさく）するには、コストだけではなく、時間もかかる。そこで、財前（ざいぜん）はロケット打ち上（う）げの成功（せいこう）に向（む）け、佃製作所のバルブシステム受（う）け入れの検討（けんとう）について水原本部長（みずはらほんぶちょう）に話しに行くため、秘（ひ）書（しょ）に電話をする。

（第3章「下町ドリーム」から要約）

下町ドリーム

財前

「水原本部長の予定を確かめてくれ。十五分ほどお話ししたい」

秘書から折り返し連絡があり、一時間後のアポがとれた。財前は予定の五分前に役員フロアに向かう専用エレベーターに乗った。

水原

「部品受け入れを検討する？」

財前

「佃製作所の部品を利用したほうがコスト的に安くつきますし、巨額の特許使用料を支払う必要もなくなります」

水原

「教えて欲しいんだがね。なんで、佃製作所は、特許使用を拒んでいるんだ。そのほうが簡単に儲かるじゃないか」

財前

「元宇宙科学開発機構の研究者でして、部品供給に拘りがあるようです」

水原

「拘りねえ……。・・・そんなもののために、ウチの方針を変更しなければならないというのもどうかと思うな。君は、新技術開発も併行して検討しているといったな。そっちはどうなんだ」

財前

「時間がかかります。・・・代替技術として旧式のものならありますが、信頼性は落ちます。目新しさはありませんし、新たなエンジンの仕様として、世界にアピールするにはインパクトに欠ける。佃が持っている特許は、それだけなら間

違いなく注目されるレベルにあります」

水原

「しかし、ウチの技術じゃない」

財前

「ですが、国内の技術です。・・・輸出制限をかけられることはありません。・・・ビジネスとして考えた場合、佃からの部品供給を受けられるのであればそうしたほうがメリットがあると考えます。検討させていただけないでしょうか」

水原

「部品の内製化を推進する藤間社長のスタンスは君も知らないわけではあるまい」

申し訳
ありません

財前

「もちろん、承知の上です」

水原

「特許で先を越されなければこんなことにならなかったのにな。・・・特許使用を認めさせる交渉はできなかったのか。君、この前は大丈夫だといわなかったか」

財前

「申し訳ございません。佃からの希望もありますし、検討したところ、外注したほうがメリットが大きいと気づいたものですから。・・・もちろん、特許使用契約の可能性も捨てたわけではありません。性能をテストした上で、どちらがメリットがあるのか、きちんと検討したいと考えております」

（第３章「下町ドリーム５」から抜粋）

◎ 内容を確認しよう！

財前は計画の変更についてどのように考えていますか。

帝国重工の方針	
方針変更前の計画	
佃製作所の部品使用のメリット	

◎ 考えてみよう！

① あなたが財前の立場なら、特許使用を認めさせる計画を変更しますか。
それは、どうしてですか。

② 帝国重工の状況から判断して、財前の「佃製作所から部品を受け入れる」という提案についてどう思いますか。

③ あなたなら、他にどのような解決方法を考えますか。

④ 「計画力」のある人とは、どのような人だと思いますか。

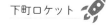

話し合ってみよう！

「考えてみよう！①～④」について、他の人の考えを聞いてみましょう。

注目してみよう！

音声を聞きながら、もう一度 Scene 2 を読んでみましょう。

① 財前は、どのように行動していますか。

　　□　複数の方法（プロセス）を考えて、比較検討している。

　　□　最初の計画通りに進めている。

　　□　将来起こりうることや可能性について考えている。

　　□　完成までの時間を考えて、計画を立てている。

② 計画を立てるときに大切なことは、何だと思いますか。

整理してみよう！

① 計画力がわかりましたか。

- 計画力とは、問題を解決するための具体的な方法・プロセスを考える能力のこと
- 計画力とは、作業の優先順位をつけ、実現できる計画を立てる能力のこと
- 計画力とは、作業の進み具合に応じて、柔軟に計画を修正する能力のこと

② あなたの「計画力」をもっと高めるためには、どのようなことに気を付けたらいいと思いますか。

報・連・相

　仕事を計画通りに進めるためには、コミュニケーションが大切です。その基本となるのが、「報・連・相（ホウ・レン・ソウ）」です。報は「報告」、連は「連絡」、相は「相談」のことです。「報・連・相」は、ミスや問題が起こったとき、仕事がうまくいっていないときにこそ、すぐに適切なタイミングで行うことが重要です。また、だれに何を伝えるのか、どのように伝えるのかも、よく考える必要があります。

	だれに	いつ、何について
報告	プロジェクトのメンバーや上司	仕事の状況や結果
連絡	関係者	情報や予定
相談	上司や先輩、同僚	問題や判断に迷ったとき

　相談の仕方としては、次のことに注意するといいでしょう。特に「③自分の考えをしっかり述べる」ことが大切です。「どうしましょうか」と相手からの指示を待つばかりでは、いい結果は生まれません。

相談の仕方
① 相談相手にアポ（＝アポイントメント）を取る
② 現状をわかりやすく説明する
③ 自分の考えをしっかり述べる

　ここで、財前の行動を振り返ってみましょう。財前は、①バルブシステムの内製化が難しい、②ロケット打ち上げのスケジュールに間に合わせなければならない、という2つの問題を抱えていました。そのとき、財前はすぐに、上司である水原本部長にアポを取って、直接話をしに行きます。財前は水原本部長に、佃製作所が部品供給を希望していること、内製するには時間がかかること、部品供給を受け入れた場合のメリットを説明します。そして、「性能テストをした上で、どちらがメリットがあるのか、きちんと検討したい」と、自分の考えをしっかり述べながら相談しています。

財前

「佃からの部品供給を受けられるのであればそうしたほうがメリットがあると考えます。検討させていただけないでしょうか」
「もちろん、特許使用契約の可能性も捨てたわけではありません。性能をテストした上で、どちらがメリットがあるのか、きちんと検討したいと考えております」

水原

　この後、財前は途中途中で報告を行いながら、「内製化」から「部品供給受け入れ」へと、方向を転換することに成功しました。

　はじめに実現可能な計画を立て、それを計画通りに進めることはとても大切なことです。ただ、社会では変更やトラブルはよくあることで、いつも計画通り、うまく進むとは限りません。そのようなときこそ、適切なタイミングで「報・連・相」を行い、上手に方向転換することが重要ですね。

制約のない環境なんてない。
第6章「品質の砦5」より

能力

3 ストレスコントロール力！

＼ ストレスコントロール力とは・・・ ／

ストレスの発生源に対応する力

ストレスを感じることがあっても、成長の機会だとポジティブに捉えて肩の力を抜いて対応する。

経済産業省（2006）

◎ チェックしてみよう！

グループで発表の準備をしていますが、なかなか準備が進まず、ストレスを感じています。

Aさん	Bさん	Cさん	Dさん	Eさん
準備せずに、一人で悩む。	仕方ないことだと思って、一人で準備を進める。	今のグループでは準備が進まないので、グループを変えてもらう。	どうしたらいいのかわからないので、その場を離れて気分転換をする。	ストレスの原因をはっきりさせて、周りの人に解決方法を相談する。

① あなたはどのタイプですか。

② ストレスコントロール力があるのは、だれだと思いますか。

読む前に

☐ 部品供給テスト　　　☐ 営業赤字

佃製作所が帝国重工へバルブシステムを供給するためには、厳しい部品供給テストにパスしなければならない。

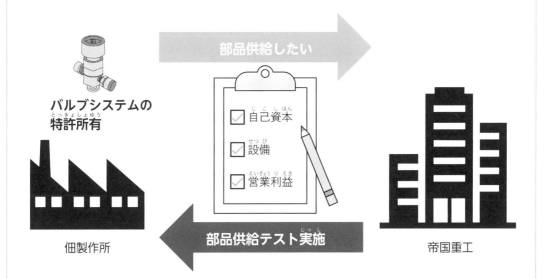

バルブシステムの
特許所有

部品供給したい

- ☑ 自己資本
- ☑ 設備
- ☑ 営業利益

部品供給テスト実施

佃製作所　　　　　　　　　　　　　　　帝国重工

テスト当日、佃製作所に帝国重工から8人の担当者がやって来た。短いミーティング後、帝国重工の担当者によるテストが始まった。

帝国重工の担当者たちは偉そうな態度で意地悪な質問をし、佃製作所が営業赤字であることを必要以上に取り上げた。佃製作所の評価を下げて、部品供給をさせないようにするためだった。

（第5章「佃プライド」から要約）

Scene 3 佃プライド

山崎

「批判的かつ自己中心的。果たしてそれで正しい評価といえるんですかね」

津野

「要するに連中は、最初からウチなんか相手にする気はないんだよ」

殿村

「実際、そういう前提でこのテストに臨んだのかも知れませんね。でも、ここで真価が問われているのは帝国重工も同じだと思います。・・・ウチってそんな悪い会社だと思いますか」

津野

「営業赤字とかにはなっちゃってるけど、そう悪いとは思わないよ、俺は」

唐木田

「いいか悪いか、といわれれば、いい会社に入るだろうさ」

殿村

「私もそう思います。・・・要するに、一般的評価として、佃製作所はいい会社ってことです」

唐木田

「でも、オレたちが自社評価したところで虚しいだけだ」

殿村

「いいや違います。・・・私は銀行員としていままで数千もの会社を見てきました。その目から見ても、佃製作所は立派な会社なんです。一時的に営業赤字にはなっていますが、いままでの利益の蓄積も厚いし、このまま潰れてしまうような会社ではない。・・・赤字は長くは続きません。そんなことは誰にも一目瞭然のはずです」

03

津野

「だけど、あの田村＊って男は少なくともそうは評価しなかった」

殿村

「そうかも知れません。でも、数字は嘘を吐きません。ウチがいつ創業して、いままでどれだけの利益を上げてきたか。自己資本がいかに分厚くて安全性が高いか。疑う余地はありません。・・・いくらあの田村という担当者が悪意の評価をしたとしても、帝国重工にだってきちんと数字を読む人間はいるはずです。その人はきっと佃製作所が標準以上の会社だということに気づくでしょう」

唐木田

「もし、気づかなかったらどうする。・・・田村氏の評価がそのまま通ってしまったら」

殿村

「そのときには──。・・・帝国重工はそれだけの会社だということです。・・・もし、担当者の曲解がまかり通って、正確に評価できないような会社であれば、そんなところとは付き合わないほうがいい。ですから社長──。・・・そのときには帝国重工へのバルブシステム納入、諦めてください」

佃

「あ、ああ。・・・だけどそれなら、特許使用を認めるのもヘンだな」

殿村

「そういうことです。・・・そんな会社なら部品供給も無理。ましてウチの大事な特許を預けることなどできません。・・・あのバルブシステムは帝国重工にしか売れないんですか？・・・探せば絶対になんらかの転用は可能ですよ。ねえ、社長。・・・どんとぶつかっていきましょうよ」

＊田村：帝国重工の審査部主任。部品供給テストで佃製作所の経営状況の評価を担当した。

（第5章「佃プライド4」から抜粋）

① 殿村の「そういう前提」とはどういう前提ですか。

② 殿村の「帝国重工はそれだけの会社」とはどういう意味ですか。

③ 殿村はストレスを感じている社員たちにどのようなことを言いましたか。
   殿村の前向きな発言を挙げましょう。

◉ **考えてみよう！**

① あなたが佃製作所の社員なら、部品供給テスト後にどのような気分になると思いますか。

② 部品供給テスト後の殿村の発言について、どう思いますか。

③「ストレスコントロール力」のある人とは、どのような人だと思いますか。

◎ 話し合ってみよう！

「考えてみよう！①〜③」について、他の人の考えを聞いてみましょう。

◎ 注目してみよう！

音声を聞きながら、もう一度 Scene 3 を読んでみましょう。

① 殿村は、どのようなことを話していますか。

　　□　自分たちがしてきたことを評価している。

　　□　ストレスを感じる必要がない理由を説明している。

　　□　ストレスがあっても、それを前向きに捉えている。

　　□　帝国重工のすべての意見を聞かないよう提案している。

② あなたはストレスを感じたときに、いつもどうしていますか。

◎ 整理してみよう！

① ストレスコントロール力がわかりましたか。

　　• ストレスコントロール力とは、ストレスの原因を見つけ、対応する能力のこと

　　• ストレスコントロール力とは、ストレスを自分や他の人の力を借りて取り除く能力のこと

　　• ストレスコントロール力とは、ストレスに対する意識や考え方を変え、前向きに対応する能力のこと

② あなたの「ストレスコントロール力」をもっと高めるためには、どのようなことに気を付けたらいいと思いますか。

ストレスコーピング

だれでもストレスは感じるものですが、ストレスとうまく付き合うための方法として、「ストレスコーピング（Stress Coping）」があります。「コーピング（coping）」とは、「（難しい問題に）対応する」という意味です。ストレスを与える原因となるものをストレッサー（stressor）といいますが、ストレッサーがストレスを与える前、ストレッサーに対する考え方、ストレスを感じた後、それぞれの段階で、さまざまな対応方法があります。その中で、代表的な3つを紹介します。

問題焦点コーピング

ストレッサーに働きかけて、それ自体を変化させて解決を図ろうとすること

> 例：仕事の量（ストレッサー1）が多い　⇒　仕事の量を減らす
> 　　嫌な上司（ストレッサー2）がいる　⇒　嫌な上司から距離をおく

情動焦点コーピング

ストレッサーに対する考え方や感じ方を変えようとすること

> 例：仕事でよくミスをしてしまう　⇒　ミスはだれにでもあると考える
> 　　仕事の量が多い　⇒　今は大変だが、自分が成長できる機会だと考える

ストレス解消型コーピング

ストレスを感じてしまった後に、ストレスを取り除こうとすること

> 例：買い物や運動などで気分転換をする
> 　　親しい友だちやカウンセラーなどに相談する

　ここで、殿村たちの行動を振り返ってみましょう。殿村たちは、帝国重工の社員にひどい評価をされ、かなりのストレスを感じていたことでしょう。彼らは一体どのようにストレスに対応していたでしょうか。最初は自社に対する評価に自信をなくしていた佃製作所の社員でしたが、殿村の発言によって「自社はいい会社だ。それを正しく評価できない相手の会社のほうが問題だ」と考え方を変えることができています。

ストレッサー		受け手の考え方		ストレス
帝国重工の評価	→	「要するに連中は、最初からウチなんか相手にする気はないんだよ」	→	

殿村

「ここで真価が問われているのは帝国重工も同じだと思います」
「一般的評価として、佃製作所はいい会社だってことです」
「自己資本がいかに分厚くて安全性が高いか。疑う余地はありません」
「正確に評価できないような会社であれば、そんなところとは付き合わないほうがいい」

　殿村たちはストレッサーである帝国重工の評価に対して、考え方や感じ方を変えることでストレスとうまく付き合っていたのですね。みなさんも、自分に合ったストレス対応方法を探してみましょう。

> **肝心なことは、後悔しないことだな。**
> **そのためには、全力をつくすしかない。**
> 第5章「佃プライド2」より

能力 **3** ストレスコントロール力

『ガウディ計画』の世界

　ロケットエンジンのバルブシステムの開発・部品供給で、倒産の危機を乗り越えてから数年後、佃製作所は、再び苦しい立場に立たされていた。小型エンジンの売上が伸び悩む中、帝国重工が次回からのロケットエンジン用バルブシステムをコンペで決定すると言ってきたのだ。ライバルはNASA出身の社長がいるサヤマ製作所。バルブシステムの開発にはかなりのお金をかけており、負けるわけにはいかない。

　そんな中、佃製作所の元社員である真野から心臓に埋め込む人工弁「ガウディ」の開発を依頼された。今ある海外の人工弁は、日本人、特に子どもには大きすぎて合わないというのだ。医療機器の製造はリスクが大きい、しかも開発費がかかる上に製品化されるまで数年かかる。社内の状況を考え、一度は断った佃だったが……。

サクラダ

経編技術を使った医療用繊維の開発

桜田 章

サクラダの社長

北陸医科大学

人工弁の研究・開発

一村 隼人

北陸医科大学教授。
心臓外科医

真野 賢作

北陸医科大学研究員。
佃製作所の元社員

サヤマ製作所

コンペ

・宇宙ロケットエンジン用バルブシステムの開発
・人工弁用バルブシステムの開発

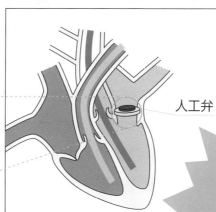

医療用繊維

人工弁

バルブ

金属弁（きんぞくべん）

Mission

日本人サイズの
人工弁の開発

+

佃製作所（つくだせいさくしょ）

小型エンジン、バルブシステムの開発・製造

佃 航平（つくだ こうへい）

佃製作所の社長

山崎 光彦（やまさき みつひこ）

技術開発部部長。
立花・加納の上司

唐木田 篤（からきだ あつし）

営業第二部部長（えいぎょうだい）

**人工弁用
バルブ開発
チーム**

立花 洋介（たちばな ようすけ）

技術開発部の社員。
開発チームのリーダー

加納 アキ（かのう）

技術開発部の社員

4 傾聴力！
けいちょう

＼ 傾聴力とは・・・ ／

相手の意見を丁寧に聴く力
あいて　　　　　　　てていねい　き

相手の話しやすい環境をつくり、適切なタイミングで質問するなど相手の意見を引き出す。
かんきょう　　　　　てきせつ　　　　　　　　　　　　　　　　　　ひ

経済産業省（2006）

◎ チェックしてみよう！

グループで、発表の資料を作成するための話し合いをしています。
はっぴょう　しりょう　さくせい　　　　　　　　あ

Aさん

自分と違う意見
ちが
や興味のない話
きょうみ
は聞かない。

Bさん

相手の話が途中
とちゅう
でも自分の意見
を言う。

Cさん

相手の話を最後
さいご
まで黙って聞く。
だま

Dさん

相手の話にあい
づちや共感を示
きょうかん　しめ
しながら聞く。

Eさん

相手に内容の確
ないよう　かく
認や質問をしな
にん
がら聞く。

① あなたはどのタイプですか。

② 傾聴力があるのは、だれだと思いますか。

読む前に

☐ 人工弁（じんこうべん）　　☐ 心臓弁膜症（しんぞうべんまくしょう）

　佃（つくだ）は、元佃製作所社員（もとつくだせいさくしょ）の真野（まの）から、北陸医科大学（ほくりくいかだいがく）の一村教授（いちむらきょうじゅ）とサクラダの桜田（さくらだ）とともに人工弁を開発するプロジェクトへの参加（さんか）を依頼（いらい）された。心臓の弁が正常（せいじょう）に動かなくなる心臓弁膜症に苦（くる）しんでいる子どもは日本国内（こくない）に二百万人もいるが、海外の人工弁は日本人の子どもには大きすぎて合（あ）わないというのだ。佃は、社員の意見から社内（しゃない）の現状（げんじょう）を考えて、プロジェクトへの参加を一度はあきらめた。

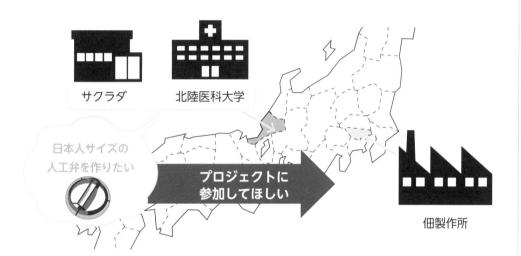

日本人サイズの
人工弁を作りたい

プロジェクトに
参加してほしい

サクラダ

北陸医科大学

佃製作所

　しかし、その後、山崎（やまさき）から福井（ふく）への出張（しゅっちょう）ついでに人工弁の開発現場（げんば）を見に行（い）くのはどうかと提案（ていあん）される。佃は、現場を見ずに真野の依頼を断（ことわ）った自分を反省（はん せい）し、山崎、唐木田（からきだ）とともにサクラダの工場を訪（たず）ねた。

　そこは、数多（かずおお）くの工場を見てきた佃を驚（おどろ）かせるほど、自動化（じどうか）された工場であった。桜田に案内（あんない）された部屋（へや）には編み機があり、佃はふとその上にあるボードに気づく。

桜田

（第2章「ガウディ計画」から要約）

Scene 4　ガウディ計画

佃

「ガウディ？」

桜田

「我々が開発している人工弁のコードネームです。・・・計画全体は、ガウディ計画と呼んでいるんです」

佃

「ガウディ計画か。いい名前ですね。・・・ひとつ、お伺いしてもいいですか。心臓疾患で苦しんでいる人たちを救おうというこの事業の目的が尊いことはわかります。ですが、本社の経営を弟さんに任せてまで、あなた自身がこの事業に専心される理由はなんですか」

桜田

「罪滅ぼしですよ」

佃も唐木田も山崎も驚き、続きを待った。

桜田

「娘がいたんですが、仕事が忙しくて親らしいことはほとんどしてやれませんでした。旅行に行ったことも、家族で食事をしたことも、数えるほどしかありません。娘は重い心臓弁膜症で苦しんでいまして、亡くなったときはまだ十七歳でした。それが五年前のことです。こんなことをしても娘は帰ってきませんが、この事業は、私のせめてもの罪滅ぼしです。

娘のような子供、患者を救えるのなら、私のできることは何でもやろう。その覚悟で、この事業を進めています。私にはいま希望がないんです、佃さん。・・・あるのは、決して消えない永遠に続く後悔だけです。その中で、この事業を成功

させることだけが、唯一の救済なんです」

すうっと胸を上下させながら、唐木田が、瞬きを忘れるほどの目で桜田を見ている。山崎は、編み機を見つめたまま動かない。

「よくわかりました。どうもありがとうございます。大変、勉強になりましたし、あなたの情熱も胸に沁み入りました」

佃

佃は山崎にはあえて聞かず、唐木田に聞いた。

「どうだ」

佃

「仕事ってのは、いろいろですね。・・・桜田さんとウチとでは仕事をする理由がまるで違う。人の数だけ、仕事をする意味があるのかな」

唐木田

「そうかもな。・・・だからこそ、おもしろいんじゃないか。──なあ、やってみないか」

佃

唐木田は無言で賛同を表した。桜田は体をふたつに折った。

「よろしくお願いします」

桜田

「こちらこそ」

佃

（第2章「ガウディ計画8」から抜粋）

◎ 内容を確認しよう！

① 佃は桜田にどのような質問をしていますか。

② 桜田が「ガウディ計画」に専心する理由は何ですか。

③ 佃が桜田の考えを理解したことがわかる発言を挙げましょう。

④ 唐木田の「仕事ってのは、いろいろですね」とはどういう意味ですか。

◎ 考えてみよう！

① 佃は桜田に「ガウディ」が何か聞き、桜田の返事に対し、「ガウディ計画か。いい名前ですね」と共感しています。このような質問や共感は、相手にどのような印象を与えると思いますか。

② あなたが佃なら、桜田にどのような質問をしますか。

③「傾聴力」のある人とは、どのような人だと思いますか。

◎ **話し合ってみよう！**

「考えてみよう！①～③」について、他の人の考えを聞いてみましょう。

◎ **注目してみよう！**

音声を聞きながら、もう一度 Scene 4 を読んでみましょう。

① 佃は、桜田の話をどのように聞いていますか。

　　　☐ 相手の話の邪魔をせず、まったく反応しない。

　　　☐ 相手が答えやすいように、質問の形で聞いている。

　　　☐ 相手の話の一部をくり返して、相手に共感を示している。

　　　☐ 相手の話を集中して聞いている。

② 相手の話を上手に聞いたり、相手の意見を引き出したりするためには、どのような方法があると思いますか。

◎ **整理してみよう！**

① 傾聴力がわかりましたか。

　• 傾聴力とは、相手の話をくり返したり、共感したりしながら、相手の話を丁寧に聴く能力のこと

　• 傾聴力とは、話題に関係のある質問をし、話しやすい状況をつくりながら、相手の話を聴く能力のこと

② あなたの「傾聴力」をもっと高めるためには、どのようなことに気を付けたらいいですか。

覚えておこう！

アクティブリスニング

コミュニケーションを成立させるためには、ただ上手に話すだけでなく、きくこと、すなわち受け取ることも大切です。みなさんは、「きく」という言葉からどのような行動を想像するでしょうか。「きく」という行動は、大きく「聞く」と「訊く」と「聴く」の3つに分けられます。

① 「聞く」
特に意識せずに音や言葉が自然に耳に入ってくる状態。

「耳」できく

② 「訊く」
疑問に思っていることをはっきりさせるために質問する。

「口」できく

③ 「聴く」
相手の様子に注意して耳を傾け、相手の言葉を受け止め、相手の気持ちに共感する。

「耳」と「目」と「心」できく

その中でも特に、3つめの「聴く」、すなわち「傾聴」というききかたが重要です。「傾聴」は相手の様子に注意して、集中して、熱心に耳を傾けて相手の言葉を受け止め、相手の気持ちに共感することです。つまり、「耳」だけでなく「目」も「心」も使ってきくことを指しますが、ただ静かにきいているだけでは、本当にきいているかどうか相手に伝わりません。自分が「傾聴」していることを相手に示すために、あいづちや相手の言葉の一部をくり返すなどの反応、さらに質問などをすることも大切です。このように積極的にきく姿勢を「アクティブリスニング（Active Listening）」と言います。

傾聴

反応＋質問

　ここで、佃の「ききかた」を振り返ってみましょう。佃は、桜田の話に対し、「いい名前ですね」と丁寧に反応したり、「ひとつ、お伺いしてもいいですか」と質問をしたり、「あなたの情熱も胸に沁み入りました」と共感を表したりしていました。「心」で聴いていたことがよくわかりますね。

桜田

「計画全体は、ガウディ計画と呼んでいるんです」

佃

「ガウディ計画か。いい名前ですね」
「ひとつ、お伺いしてもいいですか。心臓疾患で苦しんでいる人たちを救おうというこの事業の目的が尊いことはわかります。ですが、本社の経営を弟さんに任せてまで、あなた自身がこの事業に専心される理由はなんですか」

桜田

「罪滅ぼしですよ」
「娘がいたんですが、仕事が忙しくて親らしいことはほとんどしてやれませんでした。旅行に行ったことも、家族で食事をしたことも、数えるほどしかありません。娘は重い心臓弁膜症で苦しんでいまして、亡くなったときはまだ十七歳でした。それが五年前のことです。こんなことをしても娘は帰ってきませんが、この事業は、私のせめてもの罪滅ぼしです」

佃

「よくわかりました。どうもありがとうございます。大変、勉強になりましたし、あなたの情熱も胸に沁み入りました」

　このように、相手の話に対し「反応」や「質問」をすることで、よりよいコミュニケーションをとることができます。「耳」だけでなく「心」で聴くこと、そしてそれを言葉や姿勢などで表すことが大切ですね。

> **お互いに励ましあって、**
> **支え合っていかなきゃいけないと思う。**
> 第10章「スキャンダル7」より

5 主体性！
しゅたいせい

＼ 主体性とは・・・ ／

物事に進んで取り組む力
すす　　 と く

指示を待つのではなく、自らやるべきことを見つけて積極的に取り組む。
し じ　　　　　　　　　　　　　　みずか　　　　　　　　　　　　　　　　　　せっきょくてき

経済産業省（2006）

◎ チェックしてみよう！

グループで、イベントの準備をしています。
じゅん び

Aさん	Bさん	Cさん	Dさん	Eさん
だれかに指示されてから動く。	他の人と同じことをする。	興味や関心があることだけする。	周りに何をしたらいいか聞いて、言われたことだけする。	周りの状況を見て、他の人がしていないことを自分で探してする。

① あなたはどのタイプですか。

② 主体性があるのは、だれだと思いますか。

読む前に

☐ 医療用繊維　　☐ 血栓　　☐ 生体適合性

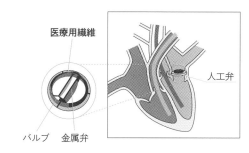

人工弁「ガウディ」は、太めの指輪のようなバルブの内側に開閉する金属弁がついていて、その外側が医療用繊維で包まれている。サクラダが医療用繊維、佃製作所がバルブの開発をすることになった。佃からバルブの試作品の開発を命じられたのは、若い立花と加納だった。

医療用繊維
人工弁
バルブ　金属弁

医療用繊維の開発	人工弁の研究	バルブの開発
サクラダ	北陸医科大学	佃製作所

人工弁の条件

・医療用繊維
・血栓をできにくくする金属素材と構造
・生体適合性を追求

立花は夢中になって実験に回した人工弁「ガウディ」のデータを読んでいた。すでに人工弁の開発を命じられて半年ほど経っていた。

ガウディ計画が目指しているのは、ただ日本人のサイズに合った人工弁というだけではなかった。その品質も生体適合性を追求した最高水準でなければならない。佃製作所は、血栓ができにくい金属バルブの開発を任されたのだ。

この半年間、立花と加納は数えきれないほどの図や試作品を作り、実験データを集めてきた。そして、北陸医科大学の一村教授の意見を聞き、サクラダとも何度も打ち合わせをくり返してきた。しかし、二人が開発した試作品の実験結果は期待外れだった。何かがおかしくなっていた。

（第 7 章「誰のために」から要約）

能力
5
主体性

Scene 5 　誰_{だれ}のために

加納

「なんなんですかね、立花_{たちばな}さん。この雰囲気_{ふんいき}。・・・いわゆるひとつの、落胆_{らくたん}ムードみたいな」

立花

「だな」

　このままでは失敗_{しっぱい}するかもしれない……。否定_{ひてい}しようのない危機感_{ききかん}が立花の胸_{むね}に芽生_{めば}える。いまの二人には、トライアンドエラーを続_{つづ}けて正解_{せいかい}を見つけ出すだけの精神力_{せいしん}がない。立花は考える。そして、山崎_{やまさき}のもとへ行く。

立花

「部長_{ぶちょう}——。・・・ちょっとご相談_{そうだん}があるんですが。——福井_{ふくい}に出張_{しゅっちょう}させていただけませんか」

山崎

「どうした」

立花

「実際_{じっさい}に見てきたいんです。・・・我々_{われわれ}が開発しているものが果_はたしてなんであるのか」

山崎

「わかった。社長に話してみる」

立花

「お願_{ねが}いします」

　二人は福井_{ふくい}へ向_むかい、一村_{いちむら}の研究室_{けんきゅうしつ}を訪_{たず}ねる。一村は二人に明日、圭太君_{けいたくん}の手術_{しゅじゅつ}に立ち会_あうよう告_つげる。二人は一村から、圭太君は僧帽弁_{そうぼうべん}という心臓_{しんぞう}の一部_{いちぶ}が機能_{きのう}しない病気で、子どもの心臓には大きすぎる人工弁_{じんこうべん}を

05

使用して、本来の弁とは違う場所に縫合し、僧帽弁と置き換える手術をすると説明を受ける。

一村

「・・・――じゃあ、始めようか」

立花は、息をするのも忘れてその手術をじっと見つめ続ける。佃製作所の作業場にいては決して見えない真実が目の前にある。立花は自分たちの仕事の意味と誰のために努力しているのかに改めて気づく。涙が溢れ流れる。

一村

「オッケー！」

手術が終わった。

加納

「立花さん――。・・・私たち――私たちの仕事って、素晴らしいですね。ほんと、素晴らしいです」

立花は見失っていた一本の道が現れたと感じる。その後、立花はサクラダを訪ねる。

桜田

「どうでした、一村先生の手術は」

立花

「すばらしい経験でした。・・・まだ時間がかかるかも知れませんが、『ガウディ』は絶対に必要な医療機器だと思います。必ず、やり遂げましょう」

（第7章「誰のために 1-3」から抜粋）

① 立花はどうして「福井に出張させていただけませんか」と言いましたか。

② 立花の行動を順番に並べましょう。
　　a. 山崎に相談する　　　　b. 再び、人工弁の開発に取り組む
　　c. 福井へ行く　　　　　　d. 実験結果に落胆する

　　1（　　　）→ 2（　　　）→ 3（　　　）→ 4（　　　）

◉ **考えてみよう！**

① 立花が山崎に出張の申し出をしなかった場合、どのような結果になったと思いますか。

② どうしてそう思いましたか。

③ あなたが立花なら、どのようにしたと思いますか。

④ それは、どうしてですか。

⑤ 「主体性」のある人とは、どのような人だと思いますか。

◎ **話し合ってみよう！**

「考えてみよう！①〜⑤」について、他の人の考えを聞いてみましょう。

◎ **注目してみよう！**

音声を聞きながら、もう一度 Scene 5 を読んでみましょう。

① 立花は、どのように行動していますか。

　　　☐　どうしたら状況を変えられるか自分で考えている。

　　　☐　自分で考えたことを行動に移している。

　　　☐　行動した結果、目標を変えている。

　　　☐　最後まで責任をもってやろうとしている。

② 仕事に行きづまったとき、どのような解決方法があると思いますか。

◎ **整理してみよう！**

① 主体性がわかりましたか。

　　• 主体性とは、自分がやるべきことは何かを考え、自ら取り組む能力のこと

　　• 主体性とは、自分の行動に責任をもって取り組む能力のこと

② あなたの「主体性」をもっと高めるためには、どのようなことに気を付けたらいいと思いますか。

覚えておこう！

🐱 主体性と自主性

「自分から進んでする」という意味をもつ言葉として、「主体性」の他に「自主性」があります。「主体性」と「自主性」は、何が違うのでしょうか。

主体性と自主性の違いとは？

「自主性」とは、決まっている目的に対して、自らの判断で進んで行動することです。自分がやるべきことを、他人から指示される前に行動できるという意味も含まれています。

一方、「主体性」とは、自分で目的を見つけ、何をするか自分で考え、判断して行動することです。つまり、主体性は積極的に行動するだけでなく、何をするかを自分で決めるところまで入ります。自らが目的を決めなければならないので、「自主性」と比べると、責任が大きくなりますね。

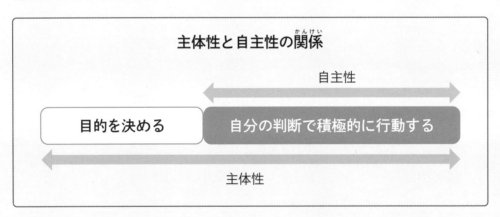

ここで、立花と加納の仕事を振り返ってみましょう。最初、立花と加納は佃社長の指示によって「ガウディ計画」に参加させられ、人工弁の開発を命じられていました。目的は「血栓ができにくい小さなバルブを作ること」。立花と加納は前向きに作業をしていましたが、このときは、自分ですることを決めるのではなく、指示されたことをする、いわゆる自主性の段階でした。しかし、自主性をもっているだけでは、最後までやりきる精神力がなくなっていきました。

そこで、立花は「自分たちが開発しているものがなんであるのかを実際に見る」ために、自ら福井の一村教授に会いに行くことを決めます。ここで、自分たちの仕事の本当の目的を見つけるという主体性の段階に移ります。人工弁の手術に立ち会った立花と加納は、自分たちのしなければいけないことに気づき、完成まで意欲的に取り組みます。

1．試作を続ける

2．試作を続けたが、結果がよくなく、思い悩む

3．部長に出張を申し出る

実際に自分たちが開発しているものがなんであるのか見に行きたい。福井への出張を部長に相談しよう。

4．試作をがんばる

子どもたちのために

このように、立花と加納は主体性をもつことで、自ら福井へ出張し、自分たちの仕事の本当の目的を見つけることができました。言われたことをするだけでなく、自分ですべきことを見つけることも大切なんですね。

能力 5 主体性

苦しいときこそ、人の真価が問われるんだ。

第3章「ライバルの流儀3」より

能力

6 実行力！
じっこう

＼ 実行力とは・・・／

目的を設定し確実に行動する力
もくてき　せってい　　　　かくじつ

言われたことをやるだけでなく自ら目標を設定し、失敗を恐れず行動に移し、粘り強く取
　　　　　　　　　　　　　みずか もくひょう　　しっぱい おそ　　 うつ　 ねば　 と
り組む。
く

経済産業省（2006）

◎ チェックしてみよう！

新しく、外国語を勉強しようと思っています。

Aさん	Bさん	Cさん	Dさん	Eさん
教材を買ったら、買ったことに満足し、何もしない。	教材を買って勉強の計画を立てるが、なかなか始めない。	目標を立てずに、勉強をしたいときにする。	目標を立てて勉強を始めるが、長続きしない。	難しい内容であってもあきらめず、目標に向かって勉強し続ける。

① あなたはどのタイプですか。

② 実行力があるのは、だれだと思いますか。

読む前に

□ **出資**　　　　　□ **動作評価テスト**

人工弁の開発が進む中、佃製作所は帝国重工に「ガウディ計画」への出資を依頼したが、話がなかなか決まらない。

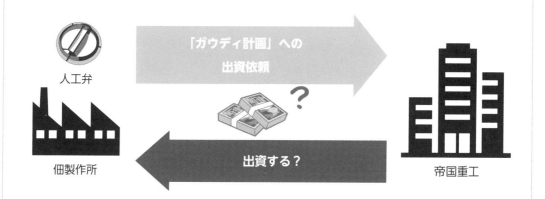

帝国重工からの出資が受けられなければ、資金不足に悩んでいるサクラダがこのプロジェクトから降りるかもしれない。立花たちは事態の深刻さを知る。この状況に佃はただ謝るのみでどうすることもできない。

佃の話を聞いたその日も、佃製作所の技術開発部のフロアは夜遅くまで明かりが点いていた。そこには立花と加納がいて、作業に集中していた。夢中になって取り組む二人の表情は真剣そのものだった。

（第8章「臨戦態勢」から要約）

完璧なデータ

　一村は、佃から帝国重工からの出資が難しくなっていることを聞き、アジア医科大学の元上司に協力を依頼した。しかし、協力は得られず、一村は行きづまりを感じたまま、佃製作所を訪ねた。そんな一村に山崎が人工弁「ガウディ」の試作品を見せる。

山崎

「これが動作評価テストの結果です」

一村

「素晴らしい」

素晴らしい!

佃

「まだこれでは満足してないですよ、奴ら。・・・もっといいものを作ろうと思ってる。立花ってのは真面目で、融通の利かない男なんだけども、ひたすら純粋で一直線な奴なんですよ。徹底的に性能を追求しようとしているはずです。・・・もし機会があったら、夜中にウチの前を通ってみてくださいよ。三階の窓にはいつも明かりが点いてますから。・・・最近の私の日課は、あいつらに夜食を差し入れることです」

一村

「恥ずかしいな、自分が」

佃

「それより、見てやってくださいよ、開発の現場を。・・・あそこでやってます」

　一村は佃について、三階へと上がっていく。手作業をしている立花と加納の真剣さに、ふと立ち止まった。近づいて声をかけると、二人はようやく気づいた。

立花

「先日はありがとうございました」

一村

「こちらこそ、子供たちに気を遣って
もらって。それと、さっき最新の人
工弁、見ました。素晴らしかった」

一村は壁にある写真に気づく。

一村

「あれは――？」

立花

「この子たちが、オレたちの先生です。
・・・もうダメだと思ったら、この
写真を見るんです。そうすると、負
けるな、もっとガンバレっていって
くれる気がします」

一村

「そうでしたか。実は――。・・・圭太君から預かってきたんです。立花さんと
加納さんのおふたりに宛てた手紙なんですが」

加納

「圭太君、元気ですか」

一村

「先日、診察に来ました。元気でしたよ。本当に、元気でした。・・・ああ、こ
ういうことなんだなあ。・・・ものをつくるって、こういうことなんだ。・・・
これが、原点なんですね」

佃

「その通りです。・・・そして、我々の挑戦は、まだ始まったばかりですよ」

◎ **内容を確認しよう！**

① 立花と加納の目標は何ですか。

② 一村は「ものをつくるって、こういうことなんだ」と言っていますが、一村は立花と加納が何のために、どのように取り組んでいると気づきましたか。

◎ **考えてみよう！**

① 一村は、どうして「恥ずかしいな」と思ったのでしょうか。

② 立花が「もうダメだと思ったら、この写真を見るんです」と言っていますが、どうして写真を見るのでしょうか。

③ 佃が「我々の挑戦は、まだ始まったばかりですよ」と言っていますが、挑戦する上で、必要なことは何だと思いますか。

④ あなたなら、もうこれ以上無理だと思ったとき、どのような行動をとりますか。それは、どうしてですか。

⑤ 「実行力」のある人とは、どのような人だと思いますか。

◉ 話し合ってみよう！

「考えてみよう！①〜⑤」について、他の人の考えを聞いてみましょう。

◉ 注目してみよう！

音声を聞きながら、もう一度 Scene 6 を読んでみましょう。

① 立花と加納は、どのように行動していますか。

    ☐ 自ら高い目標を立てている。

    ☐ どんなことがあっても、あきらめないで取り組んでいる。

    ☐ ダメだと思ったとき、やる気を出す工夫をしている。

    ☐ 困難な状況なので、あきらめている。

② 失敗を恐れず進むために、必要なことは何だと思いますか。

◉ 整理してみよう！

① 実行力がわかりましたか。

- 実行力とは、目標に向かって、一つひとつ確実に実行していく能力のこと

- 実行力とは、目標に向かって、困難な状況でもあきらめずにやり続ける能力のこと

- 実行力とは、失敗を恐れずに、勇気をもって取り組む能力のこと

② あなたの「実行力」をもっと高めるためには、どのようなことに気を付けたらいいと思いますか。

🐱 PDCA サイクル

「やる」と言ったことを実現するには、どうしたらいいでしょうか。目的のために行動することはだれでもできますが、実際は、結果が出ないこともよくあります。

「PDCA サイクル」という、仕事をしながら改善していく方法があります。PDCA サイクルでは、「Plan（計画）」→「Do（実行）」→「Check（評価）」→「Action（改善）」という4段階をくり返します。

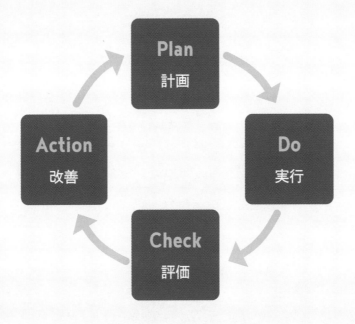

Plan（計画）　：目標を決め、具体的な計画を立てること
Do（実行）　　：計画にそって、実際にやってみること
Check（評価）：計画通りにできたかどうか、確認・評価をすること
Action（改善）：評価をもとに、行動や計画を見直すこと

この4つの行動をくり返すことによって、自分の行動やチームの仕事をよりよいものにしていくことができます。

ここで、立花と加納の行動を振り返ってみましょう。彼らはよりよい人工弁を作るというガウディ計画の目標のもと（Plan）、人工弁を試作し（Do）、動作評価テストをし（Check）、改善点を明らかにする（Action）ということを何度も何度もくり返し、現状に満足することなく開発に取り組んでいます。佃たちのセリフから、目標をもち、あきらめずにテストと改善をくり返していることがわかりますね。

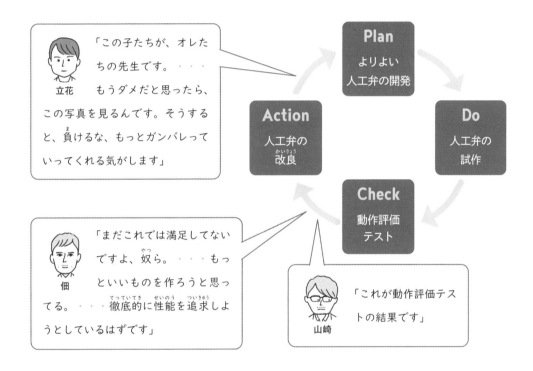

「この子たちが、オレたちの先生です。‥‥‥もうダメだと思ったら、この写真を見るんです。そうすると、負けるな、もっとガンバレっていってくれる気がします」
立花

「まだこれでは満足してないですよ、奴ら。‥‥‥もっといいものを作ろうと思ってる。‥‥‥徹底的に性能を追求しようとしているはずです」
佃

「これが動作評価テストの結果です」
山崎

Plan よりよい人工弁の開発

Do 人工弁の試作

Check 動作評価テスト

Action 人工弁の改良

立花と加納が高性能の人工弁を完成できたのは、このように PDCA のサイクルを何度もくり返していたからなのですね。困難なことでも工夫して最後まであきらめず、取り組み続けることが大切ですね。

スマートにやろうと思うなよ。泥臭くやれ。

第5章「錯綜4」より

『ゴースト』の世界

　ライバル会社サヤマ製作所の不正により、帝国重工へのロケットエンジン用バルブシステムの供給が続いていた佃製作所だが、帝国重工の藤間社長の退任により、ロケットエンジンのプロジェクトも終わりを迎えようとしていた。さらに、取引先の農機具メーカーから小型エンジンの取引を大きく減らされ、佃製作所は、今まで以上に苦しい立場に立たされていた。

　そんな中、佃製作所の経理部部長・殿村の父親が倒れる。殿村の実家は300年続く米農家。殿村は父親の看病と農作業のため、週末ごとに実家に帰っていた。殿村家にお見舞いに来た佃は、トラクターを運転する殿村を見て、トランスミッションの開発という夢をもつ。まずは、今ある技術を活かしたトランスミッション用バルブの開発から……。佃製作所の新たな挑戦が始まる。

ケーマシナリー ┄┄┄┄┄┄┄ 特許侵害で訴える ↓

ダイダロス

小型エンジンメーカー
安さは一流、技術は二流

重田 登志行
ダイダロスの社長

→ 買収 →

ギアゴースト ⚙

ベンチャー企業
トランスミッションメーカー

伊丹 大
ギアゴーストの社長

島津 裕
ギアゴーストの副社長。
天才エンジニア

大森バルブ ◄┄┄┄┄┄ コンペ

トランスミッション用バルブの開発

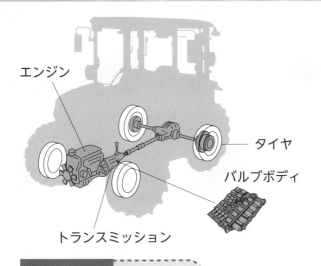

エンジン

タイヤ

バルブボディ

トランスミッション

Mission

トランスミッション用
バルブの開発

殿村家
とのむらけ

300 年続く米農家

殿村 正弘
とのむら まさひろ

殿村の父親。
米農家の 12 代目
だい

殿村 直弘
とのむら なおひろ

米農家の息子。
むすこ
佃製作所の経理部部長

裁判に協力
さいばん きょうりょく

佃製作所
つくだせいさくしょ

中小企業
小型エンジン、バルブシステムの開発・製造
せいぞう

佃 航平
つくだ こうへい

佃製作所の社長

山崎 光彦
やまさき みつひこ

技術開発部部長

光岡 雅信
みつおか まさのぶ

調達課の社員
ちょうたつか

トランスミッション用バルブ開発チーム

軽部 真樹男
かるべ まきお

技術開発部の社員。
開発チームのリーダー

立花 洋介
たちばな ようすけ

技術開発部の社員

加納 アキ
かのう

技術開発部の社員

7 情況把握力！
じょうきょうはあく

＼ 情況把握力 とは・・・ ／

自分と周囲の人々や物事との関係性を理解する力
しゅういかんけいせいりかい

チームで仕事をするとき、自分がどのような役割を果たすべきかを理解する。
やくわりは

経済産業省（2006）

◉ チェックしてみよう！

グループで発表の資料を作成していますが、準備が進んでいない人がいます。
はっぴょうしりょうさくせいじゅんびすす

Aさん	Bさん	Cさん	Dさん	Eさん
周りの情況は気にせず、自分の担当分の資料だけ作成する。	頼まれたら手伝うが、頼まれなければ手伝わない。	準備が進んでいない人に声をかけ、何をしてほしいか聞く。	周りの情況を見て、頼まれなくても、自分から手伝う。	周りの情況を見て、余裕がある人がいたら、手伝うように頼む。

① あなたはどのタイプですか。

② 情況把握力があるのは、だれだと思いますか。

読む前に

☐ トランスミッション　　　　☐ コンペ

　小型エンジンだけを作っていたのでは先がないと考えた佃は、新たに、トラクターのトランスミッションに使うバルブを開発しようとしていた。そして、トランスミッションメーカーのギアゴーストからバルブの注文を受けるため、コンペに挑戦することになる。

佃製作所

トランスミッション用
バルブのコンペに挑戦

ギアゴースト

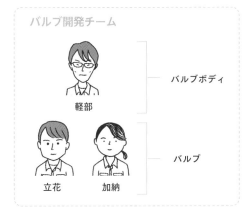
バルブ開発チーム

軽部 ── バルブボディ

立花　加納 ── バルブ

　開発チームのメンバーは、口下手で付き合い下手の軽部をリーダーに、立花、加納の３人。立花と加納はバルブ本体の設計担当であり、軽部はそのバルブを載せるバルブボディの設計担当だ。

　役割分担を決めてから２か月過ぎたが、作業は思うように進んでいない。騒音がなく、しかも軽いバルブの開発。立花と加納は大きな壁を感じていた。

（第４章「ガウディの教訓」から要約）

Scene 7 ガウディの教訓

軽部から「もっとオリジナリティ出せや」と言われた立花と加納は、自分たちらしさ、オリジナリティとは何かに悩みながらも、バルブの設計を完成させた。立花は軽部に声をかけた。

立花

「バルブの設計データ、共有ファイルに上げてありますから」

軽部

「とっくに見たよ。・・・よく出来てんじゃねえの」

加納

「そっちはどうなんですか。・・・そろそろ試作に入らないと間に合わないんですけど」

軽部

「共有ファイルに入ってんだろ。見てねえのかよ」

加納

「出来たら出来たで、早くいってくださいよ。・・・私、待ってたんですけど。知財関係のチェック、必要ですよね」

軽部

「いや。必要ない。・・・一応、オレが自分でチェックして、念のため神谷事務所*にも確認してもらった。問題ない」

加納

「あの膨大な量、自分でチェックしたんですか」

軽部

「お前ら、忙しそうだったからな」

76

07

　数日後、設計したバルブについての社内の評価は、よく出来ているが、コスト内に収まらないなら、設計変更するしかない、というものだった。軽部は、立花や加納に具体的な指示を出すでもなく、自分もまた思案に暮れている。

加納

「なんか頼りないなあ、軽部さん。自分がリーダーなのに。・・・そう思わないんですか、立花さん」

立花

「バルブボディの設計、軽部さん、かなり悩んでただろう。あれ、実はオレたちのためだったんじゃないかな」

加納

「私たちのためって、どういうことですか」

立花

「実はあの打ち合わせの後に光岡さんから聞いたんだけど、軽部さんが担当したバルブボディのコスト、ギリギリまで抑えられてるらしい。設計段階から何度も軽部さんに素材とコストのことをきかれたって。安くするために、素材を厳選したんだ。それってさ、オレたちのバルブがコスト高になることを見越してのことだったと思うんだよな」

加納

「ああ見えて、やることはやってたってことですか……」

立花

「言い方はともかく、軽部さんは軽部さんなりに努力してたんだよ」

＊神谷事務所：佃製作所が世話になっている弁護士事務所

（第4章「ガウディの教訓4、7」から抜粋）

能力
7

情況把握力

① 軽部は立花と加納の情況に気づいていたでしょうか。

軽部のどのような行動からわかりますか。

② 軽部と、立花と加納との作業の進め方を比べて、違う点をまとめましょう。

軽部	立花と加納
【違う点】	

③ 立花が「軽部さんは軽部さんなりに努力してたんだよ」と言っていますが、軽部は
チームのためにどのように努力していましたか。

① リーダーとしての役割は何だと思いますか。

② 軽部はリーダーとして自分の役割を理解していたと思いますか。

それは、どうしてですか。

③ あなたなら、軽部と立花・加納のうち、どちらの行動をとりますか。

それは、どうしてですか。

④ 「情況把握力」のある人とは、どのような人だと思いますか。

◎ **話し合ってみよう！**

「考えてみよう！①〜④」について、他の人の考えを聞いてみましょう。

◎ **注目してみよう！**

音声を聞きながら、もう一度 Scene 7 を読んでみましょう。

① 軽部は、どのように行動していましたか。

    □ 自分の仕事にのみ関心をもっていた。

    □ チームに疑問を投げかけていた。

    □ チームの情況を理解して仕事をしていた。

    □ 先のことを予想して行動していた。

② リーダーとして、チームの役に立つために、どのような行動が必要だと思いますか。

◎ **整理してみよう！**

① 情況把握力がわかりましたか。

  • 情況把握力とは、周りの人の情況（人間関係、忙しさなど）から、自分がやるべき役割を考え、行動する能力のこと

  • 情況把握力とは、周りの人の情況（人間関係、忙しさなど）に気を配り、チームがよい方向へ向かうように行動する能力のこと

② あなたの「情況把握力」をもっと高めるためには、どのようなことに気を付けたらいいと思いますか。

フォロワーシップ

いいチームを作るためには、どのような人がいればいいのでしょうか。もちろん、チームを引っ張るリーダーも大切ですが、全員が「引っ張り役」になってしまえば、チームはまとまりません。リーダーシップ（Leadership）とは、チームを引っ張りまとめることですが、それを助けるのが、フォロワーシップ（Followership）です。フォロワーシップとは、チームを支え、具体的に行動することです。リーダー以外の人はもちろん、リーダーにも、フォロワーシップが求められます。

リーダーシップ（Leadership）	フォロワーシップ（Followership）
チームを引っ張る ・意思・行動を決める ・責任をとる	チームを支える ・意見を言ったり、提案をしたりする ・実際に行動する

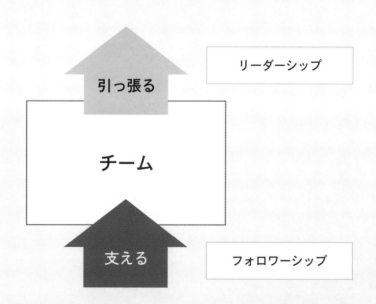

フォロワーシップができると、組織の活動が活発になったり、チーム内での信頼関係が強まったりします。そうすると、チームのメンバー全員が前向きに仕事に取り組めるようになります。

　ここで、軽部の行動を振り返ってみましょう。軽部はバルブボディ、立花と加納はバルブ本体の開発に取り組んでいました。軽部は、立花と加納に「もっとオリジナリティ出せや」と要求する一方で、二人がバルブの設計に集中している様子を見て、バルブ全体で予算がオーバーしないよう、自分の担当であるバルブボディの製作コストを下げようと努力していました。また、立花と加納に言われる前に、共有ファイルに上がっている設計データに目を通しています。そして、忙しそうな立花と加納を見て、時間がかかる知財関係のチェックも終わらせていました。このように、軽部は立花と加納が開発に集中できる環境をつくり、開発ができたらすぐにフォローできる体制を整えていたことがわかります。

引っ張る

リーダーシップ

軽部の行動
・「もっとオリジナリティ出せや」という要求

チーム （開発に集中できる環境／フォロー体制）

支える

フォロワーシップ

軽部の行動
・バルブボディの製作コストの削減
・設計データの確認
・知財関係のチェック

　リーダーなのに頼りないと言われていた軽部ですが、「もっとオリジナリティ出せや」と言ってチームを引っ張り、さらにフォロワーという形でチームを支えていたことがわかります。チームが成功するためには、リーダーシップだけでなく、フォロワーシップも大切なんですね。

みんなで力を合わせればなんとかなる。

最終章「青春の軌道2」より

8 課題発見力！
かだい

\ 課題発見力とは・・・ /

現状を分析し目的や課題を明らかにする力
げんじょう ぶんせき もくてき あき

目標に向かって、自ら「ここに問題があり、解決が必要だ」と提案する。
もくひょう む みずか かいけつ ひつよう ていあん

経済産業省（2006）

◉ チェックしてみよう！

外国語を勉強していますが、なかなか上手になりません。

Aさん	Bさん	Cさん	Dさん	Eさん
何をどうしたらいいのかわからないので、勉強をやめる。	上手にならないことをあまり気にせず、そのまま勉強を続ける。	試験を受けて、その結果から何が問題かを知る。	他の人に聞いて、何が問題なのかを知る。	自分の理想と比べて、何が問題なのか、自分で考えてみる。

① あなたはどのタイプですか。

② 課題発見力があるのは、だれだと思いますか。

読む前に

☐ **コンペ**　　　　☐ **ハイスペック**

　トランスミッションメーカーのギアゴーストのコンペに向け、立花と加納はトランスミッション用のバルブを設計していた。それは、ライバルの大森バルブに勝つための、性能が高い、つまりハイスペックなバルブだった。

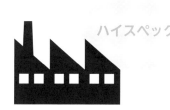
佃製作所

VS.

大森バルブ

　しかし、調達課の光岡からも佃からも、そのバルブでは予算オーバーのため、設計を変更するよう指示される。設計を変更すれば、スペックは下がる。立花も加納も悩んでいた。

　そんな中、立花はボードに貼り付けられた子どもたちの写真を見ながら、軽部に言われた「ガウディと向き合え」という言葉を思い出した。「ガウディ」とは、以前、心臓の病気で苦しんでいる子どもたちのために立花と加納が開発した人工弁の名前である。

（第4章「ガウディの教訓」から要約）

能力
8
課題発見力

Scene 8　ガウディの教訓

立花

「結局、オレたちは『ガウディ』で何を学んだんだろう」

加納

「私は、人の命の大切さかな。・・・私にはそれがモチベーションでした。この子たちと向き合ってがんばるんだって」

立花

「この子たちと向き合う、か。・・・この子たちと……。・・・だったら、いまオレたちが向き合ってるのは何だ」

加納

「それは、バルブでしょう」

立花は瞑目する。
かなりの時間が経過する。

立花

「さっきの質問なんだけど ── 」

加納

「質問？」

立花

「いまオレたちが向き合ってるのは、って質問。アキちゃん、バルブっていったよな。それ、もしかして間違ってるんじゃないか。・・・オレたちが向き合ってるのは、バルブじゃなくて、お客さん ── つまりギアゴーストなんじゃないかな。『ガウディ』計画でオレたちは子どもたちに寄り添ってきただろう。いま寄り添わなきゃいけないのは、ギアゴーストという会社であり、そのトランスミッションなんじゃないかな」

08

加納

「まあ、たしかにそれはそうでしょうけど……」

立花

「オレたちはさ、ハイスペックのバルブを追求してきたけど、本当にそれがギアゴーストのトランスミッションにとって必要だったんだろうか。・・・実はそれって、ウチのエンジンがトラクターにとってハイスペックすぎてニーズを摑み損ねてたのと同じことなんじゃない？」

加納

「つまり、お客さんを無視したハイスペック競争を繰り広げていたということですか」

立花

「静粛性、軽量化、低燃費、耐久性
――。・・・要はトランスミッションの性能に合わせればいいんだよ。
・・・ギアゴーストは、ひたすらハイスペックを目指すんじゃなく、農機具のトラクター用トランスミッションとして最適な仕様に設定してるんだ。だったらバルブもそれに寄り添うべきだろう」

能力
8
課題発見力

加納

「じゃあ、私たちのいまのこのスペックは――」

立花

「そう、こんなスペック――無駄なんだよ」

（第4章「ガウディの教訓7」から抜粋）

◎ **内容を確認しよう！**

① これまで、トランスミッション用のバルブ開発で重視してきたことは何ですか。

② 立花の考えはどのように変わりましたか。順番に並べましょう。

a. ハイスペックな仕様は必要ないんじゃないか。

b. こんなスペック、無駄だな。

c. トランスミッションの性能に合わせたほうがいいんだ。

d. 今、寄り添わなきゃいけないのは、ギアゴーストなんじゃないか。

1（　　　）→ 2（　　　）→ 3（　　　）→ 4（　　　）

③ 立花たちがこれから目指すバルブは、どのようなバルブですか。

◎ **考えてみよう！**

① あなたなら、「ガウディと向き合え」と言われたとき、どのような行動をとりますか。

☐ 目的を見直す

☐ 人工弁を見直す

☐ 材料を見直す

☐ バルブの構造を見直す

☐ その他 ＿＿＿＿＿＿＿＿＿＿＿＿＿＿＿＿＿＿＿＿＿＿＿＿＿

② 「課題発見力」のある人とは、どのような人だと思いますか。

◉ 話し合ってみよう！

「考えてみよう！①〜②」について、他の人の考えを聞いてみましょう。

◉ 注目してみよう！

音声を聞きながら、もう一度 Scene 8 を読んでみましょう。

① 立花は、どのように行動しましたか。

　　　☐　何を重視すべきなのか、一生懸命考えた。

　　　☐　他の人と話しながら、自分の考えを整理した。

　　　☐　重視すべきことがわかり、新しい目標を決めた。

　　　☐　まったく別の新しいアイデアを考えた。

② 今ある問題を発見するためには、どのようなことをしたらいいと思いますか。

◉ 整理してみよう！

① 課題発見力がわかりましたか。

　　• 課題発見力とは、今ある問題を見つけるために、情報を集めたり、分析したりする能力のこと

　　• 課題発見力とは、目指す結果をはっきりさせ、現状との差や問題点を見つけ出す能力のこと

② あなたの「課題発見力」をもっと高めるためには、どのようなことに気を付けたらいいと思いますか。

🐱 デザイン・シンキング

製品を開発するための思考法として、「デザイン・シンキング（Design Thinking）」が注目されています。「デザイン・シンキング」は、大きく「Empathize（共感）」「Define（問題定義）」「Ideate（創造）」「Prototype（試作）」「Test（テスト）」という5段階に分けられます。大切なことは、まず消費者や製品を使用する人の立場に立って考えることです。そうすると、使う側からの問題が見え、それを解決するためにデザインしようと考えることができます。

デザイン・シンキングの5段階

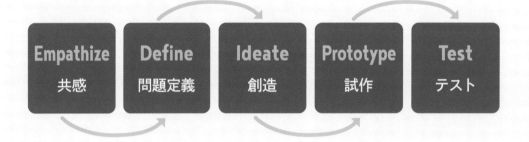

Empathize（共感）	：製品を使う人の立場になって考え、問題を見つけること
Define（問題定義）	：その問題を解決するための課題を設定すること
Ideate（創造）	：その課題を達成するためのアイデアを考えること
Prototype（試作）	：試作品を作ること
Test（テスト）	：テストを行うこと

　ここで、立花と加納の行動を振り返ってみましょう。ハイスペックなバルブを追求してきた二人は、軽部に「『ガウディ』と向き合え」と言われたことから、Empathize（共感）の段階に立ち戻り、お客さんであるギアゴーストに寄り添わなければならないことに気がつきます。話している中で、二人は「ギアゴーストにとって必要なトランスミッションとはどのようなものか」という問いを設定します。ギアゴーストは、トランスミッションを「農機具のトラクター用として最適な仕様に設定」していました。であれば、二人が開

発しなければならないのはハイスペックすぎるバルブではなく、トラクター用のトランスミッションの性能（せいのう）に合わせたバルブであり、そのようなバルブを作るという課題を設定しました（Define）。その後、二人はその課題を達成するための話し合いを続け、試作やテストをくり返し、最終的（さいしゅうてき）に相手（あいて）の要求（ようきゅう）にぴったり合ったバルブを作り、採用（さいよう）に至（いた）ります。

Empathize 共感	Define 問題定義	Ideate 創造	Prototype 試作	Test テスト

能力 8 課題発見力

「オレたちはさ、ハイスペックのバルブを追求してきたけど、本当（ほんとう）にそれがギアゴーストのトランスミッションにとって必要だったんだろうか」

「ギアゴーストは、ひたすらハイスペックを目指（めざ）すんじゃなく、農機具のトラクター用トランスミッションとして最適な仕様に設定してるんだ。だったらバルブもそれに寄り添うべきだろう」

立花

　このように、ただ作り続けるだけでなく、Empathize（共感）の段階から考え直（なお）すことで、自分たちが開発すべきものが見えてくるのですね。みなさんも何かを開発しようと考えるときには、使う人の立場になってみてください。

何が求（もと）められているのか。どう変（か）えていかなければならないのかみんなで考えていこうや。
第1章「ものづくりの神様3」より

規律性！

＼ 規律性とは・・・／

社会のルールや人との約束を守る力

状況に応じて、社会のルールに則って自らの発言や行動を適切に律する。

経済産業省（2006）

◎ チェックしてみよう！

学校や職場などには、必ずルールや規律があります。

Aさん	Bさん	Cさん	Dさん	Eさん
ルールや規律について、あまり考えたことがない。	ルールや規律は知っているが、あまり意識していない。	ルールや規律は知っているが、周りの人に気づかれなければ守らなくていいと思っている。	ルールや規律はどんなことがあっても、必ず守るようにしている。	ルールや規律の目的や必要性を理解して、守るようにしている。

① あなたはどのタイプですか。

② 規律性があるのは、だれだと思いますか。

読む前に

□ **特許侵害**　□ **副変速機**　□ **買収**　□ **下請け切り**　□ **資本提携**

　トランスミッションメーカーのギアゴーストは、ライバル会社のケーマシナリーに特許侵害で訴えられ、特許使用料（ライセンス料）として15億円を提示された。ギアゴーストのトランスミッションに使われている副変速機が特許を侵害しているというのだ。伊丹は出資してくれる会社を探すがすべて断られ、苦しい立場に立たされる。

　伊丹から出資を頼まれた佃は、弁護士を紹介するなど、できる限りの協力をし、出資する覚悟も決めていた。

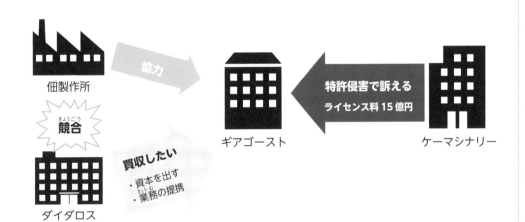

　そんな中、佃製作所とライバル関係にある小型エンジンメーカーのダイダロスがギアゴーストを買収したいと言ってきた。ダイダロスの社長の重田は、伊丹が昔、帝国重工に勤めていたときに切り捨てた下請け企業の社長の息子だった。伊丹は下請け切りのすべての責任を元上司の的場から負わされ、帝国重工を追い出されていたのだ。重田は伊丹に、同じ被害者として協力して的場に復讐しようと、資本提携を持ちかける。そして、伊丹は復讐に動き出す。共同経営者の島津は何も聞かされていない。

　　　　　伊丹　　　　　重田

（第6章「島津回想録」、第8章「記憶の構造」、最終章「青春の軌道」から要約）

Scene 9 青春の軌道

伊丹

「きっちり片を付けてやる」

島津

「ねえ、ちょっと待ってよ。片を付けるって、どうするつもり？」

伊丹

「重田さんと一緒にやる。・・・ダイダロスの資本を受け入れ、業務も提携する」

島津

「ちょっと何言ってんの。・・・佃製作所を裏切るつもり？　あんなに私たちのために親身になってくれたんだよ。その思いを踏みにじって、競合する会社と手を組むっていうの？」

伊丹

「佃製作所よりダイダロスの方が将来性は上だ。ウチはダイダロスと組むべきだ。そして的場に復讐する」

島津

「あんた本気？・・・昔のしがらみなんかより、いまの方が大切でしょう。過去に遡ってどうするの。・・・目を覚まして、伊丹くん」

伊丹

「オレは冷静だ、いつだって。たしかに佃製作所には世話になった。だけど、それはそれ。これはこれだ。今後、どっちと組んだ方が社業に寄与するか、少し考えればシマちゃんにだってわかるさ。もう決めたことだ」

島津

「何ひとりで決めてんの。・・・私、共同経営者でしょ。その意見を無視するの？」

伊丹

「いやならいいよ。シマちゃんはもう —— 必要ない」

島津は佃に電話をし、佃製作所を訪れる。

島津

「今日は、佃さんにご報告とお詫びがあって参りました。・・・昨日、ギアゴーストは、ダイダロスと資本業務提携を結びました。お互いに資本を持ち合い、今後両社は企画、製造、そして営業活動において協力していく旨の契約を締結いたしました」

佃

「なんですって？・・・それは一体、どういうことなんでしょうか。・・・伊丹さんからは何も聞いていませんし、ウチは、御社の窮地に社員一丸となって協力を惜しみませんでした。一緒にやっていけると思ったからです」

島津

「皆さんのお気持ちは重々、承知しています。・・・本当に申し訳ございません」

島津は掛けていたソファから立ち上がるや、深々と腰を折った。

島津

「伊丹は、過去のしがらみから抜け出すことはできませんでした。・・・伊丹には伊丹の道があるのでしょう。でもその道を、私は一緒に歩むことはできません。・・・本日、私はギアゴーストを退社いたしました。短い間でしたが、たいへんお世話になりました」

（最終章「青春の軌道5, 8」から抜粋）

① 伊丹の「きっちり片を付けてやる」とはどういう意味ですか。

② 伊丹の「それはそれ。これはこれだ」とはどういう意味ですか。

③ 島津は伊丹、佃製作所に対してどのような態度をとりましたか。

伊丹に対して	
佃製作所に対して	

考えてみよう！

① 伊丹はどのような人だと思いますか。また、島津はどのような人だと思いますか。

　　伊丹：

　　島津：

② 伊丹はこれからどうなると思いますか。

③ あなたが伊丹なら同じような行動をとりますか。それは、どうしてですか。

④ 「規律性」のある人とは、どのような人だと思いますか。

◉ 話し合ってみよう！

「考えてみよう！①〜④」について、他の人の考えを聞いてみましょう。

◉ 注目してみよう！

音声を聞きながら、もう一度 Scene 9 を読んでみましょう。

① 島津はどのような謝り方をしていますか。

- ☐ 謝りに来たことをすぐに伝えている。
- ☐ 相手の目を見て謝っている。
- ☐ お詫びと一緒に、相手に感謝の言葉を伝えている。
- ☐ 正直に現状を説明している。

② 相手に迷惑をかけたとき、どのように謝罪しますか。

能力
9
規律性

◉ 整理してみよう！

① 規律性がわかりましたか。

- 規律性とは、自らの行動だけでなく、周りに与える影響を考え、責任ある行動をとる能力のこと
- 規律性とは、相手に迷惑をかけたとき、その場の状況に合った行動をする能力のこと

② あなたの「規律性」をもっと高めるためには、どのようなことに気を付けたらいいと思いますか。

🐱 インテグリティ

　社会で生きていくためには、相手に信頼されることが大切です。「インテグリティ（Integrity）」とは、誠実さ、高潔さ、などを意味する言葉で、企業・経営者・リーダーなどに求められる重要な資質と考えられています。P.F. ドラッカーが著書の中でたびたび使用し、マネジメントやリーダーシップの分野で知られるようになりました。

インテグリティが低い人の例

- 人の強みではなく、弱みに目を向ける者
- 何が正しいかよりも、だれが正しいかに関心をもつ者
- 真摯さよりも、頭のよさを重視する者
- 部下に脅威を感じる者
- 自らの仕事に高い基準を設定しない者

（P.F. ドラッカー『マネジメント［エッセンシャル版］基本と原則』ダイヤモンド社 , 2001, p.147-148 より）

　なぜ企業でインテグリティが重要視されているのでしょうか。環境問題や人権問題などに対する企業の社会的責任はますます重くなっています。社会的に認められ、信頼される企業となるためには、インテグリティという価値観を企業やその社員たちがもっている必要があります。

　ここで、伊丹の行動を振り返ってみましょう。伊丹が社長であるギアゴーストは特許侵害で訴えられ、苦しい立場に立たされていました。それに対し、佃製作所は弁護士を紹介するなど、できる限りの協力をし、今後ギアゴーストと一緒に仕事をしていくものだと信じていました。しかし、伊丹は「何が正しいか」よりも「だれが正しいか」に関心をもち、「重田さんと一緒にやる」と言って、島津に相談なしにダイダロスと資本提携することを選びます。島津が反論すると、「シマちゃんはもう必要ない」と島津を傷つけました。その結果、島津はギアゴーストを辞め、ギアゴーストは島津を失います。佃の「一緒にやっていく」という期待を裏切ったギアゴーストは、佃製作所からの信頼も失いました。

佃製作所

インテグリティが高い

ギアゴースト

インテグリティが低い

島津

「ちょっと何言ってんの。・・・佃製作所を裏切るつもり？ あんなに私たちのために親身になってくれたんだよ。その思いを踏みにじって、競合する会社と手を組むっていうの？」

伊丹

島津

「なんですって？・・・それは一体、どういうことなんでしょうか。・・・伊丹さんからは何も聞いていませんし、ウチは、御社の窮地に社員一丸となって協力を惜しみませんでした。一緒にやっていけると思ったからです」

佃

　伊丹の行動によって、ギアゴーストは島津という有能な人材を失い、佃製作所からの協力も信用も得られなくなってしまいました。これは、会社よりも個人的な復讐を重視した結果です。伊丹は「自らの仕事に高い基準を設定していない」、つまり、インテグリティが足りなかったと言えます。インテグリティが高い人・企業には、信頼が集まり、成長・発展しますが、インテグリティが低い人・企業は、信用されず、成長・発展は難しいと言えるでしょう。自分の行いを振り返り、インテグリティの高い人を目指しましょう。

会社だってひとと同じでさ。損得以前に、道義的に正しいかが重要なんじゃないのか。

第6章「島津回想録3」より

『ヤタガラス』の世界

　帝国重工の財前は、宇宙航空部で国産ロケット開発事業「スターダスト計画」を担当していたが、宇宙航空企画推進グループに異動させられる。そこで新しい事業として、準天頂衛星「ヤタガラス」を利用した無人農業ロボットの開発計画を立てる。それは、高齢化が進み、深刻な労働力不足にある日本の農業を救いたいという強い思いからだった。財前は、佃製作所に無人農業ロボットのエンジンとトランスミッションの供給を、北海道農業大学で農業ロボットの研究をしている野木教授に技術協力を依頼した。佃と野木は、財前の強い思いに共感し、無人農業ロボット開発への協力を約束する。

　佃製作所はトランスミッションの製品化の実績がなく、経験が足りない。そこで、ギアゴーストを辞めた島津裕を社員として迎え入れ、新たなメンバーで日本の農業を救う技術開発に挑戦する。

ギアゴースト

ベンチャー企業
トランスミッションメーカー

伊丹 大
ギアゴーストの社長

競合

殿村家　300年続く米農家

殿村 正弘
殿村の父親。
米農家の12代目

殿村 直弘
米農家の息子。
佃製作所の元社員

無人トラクター
「ダーウィン」の開発

ダイダロス

小型エンジンメーカー

重田 登志行
ダイダロスの社長

キーシン

自動走行制御
システム担当

帝国重工

大企業
準天頂衛星「ヤタガラス」

財前 道生
（ざいぜん みちお）

宇宙航空企画推進
グループ部長

無人トラクター
「ランドクロウ」の開発

Mission

無人トラクターの開発

北海道農業大学
（ほっかいどうのうぎょうだいがく）

自動走行制御システムの
開発

野木 博文
（のぎ ひろふみ）

北海道農業大学教授

佃製作所
（つくだせいさくしょ）

中小企業
小型エンジン、バルブシステムの開発・製造

トランスミッション開発チーム

佃 航平
（つくだ こうへい）

佃製作所の社長

島津 裕
（しまづ ゆう）

開発チームのリーダー。
ギアゴーストの元副社長
（ふく）

軽部 真樹男
（かるべ まきお）

技術開発部の社員

山崎 光彦
（やまさき みつひこ）

技術開発部部長

立花 洋介
（たちばな ようすけ）

技術開発部の社員

加納 アキ
（かのう あき）

技術開発部の社員

10 働きかけ力！

＼ 働きかけ力とは・・・／

他人に働きかけ巻き込む力

「やろうじゃないか」と呼びかけ、目的に向かって周囲の人々を動かしていく。

経済産業省（2006）

◎ チェックしてみよう！

あなたはグループのリーダーです。グループで、イベントの準備をしています。

Aさん	Bさん	Cさん	Dさん	Eさん
グループの人に説明するのが大変なので、自分一人で作業する。	グループの人に手伝ってほしいことを簡単に伝える。	グループの人にまず作業の目的を説明してから、作業の内容を伝えて、やってもらう。	グループの人の気持ちや状況を考えながら、作業をお願いする。	グループの人にお願いするだけでなく、自らも積極的に準備する。

① あなたはどのタイプですか。

② 働きかけ力があるのは、だれだと思いますか。

読む前に

☐ 圃場（ほじょう）　　　　☐ 自動走行制御技術（せいぎょぎじゅつ）

　佃や帝国重工の財前、北海道農業大学の野木は無人トラクターの耐久性、安全性や走行性能、作業機の正確性などの実験やテストのために、殿村家の圃場（田んぼ）を貸してほしいと依頼する。

北海道農業大学
野木
圃場を貸してほしい
殿村家
帝国重工
財前
佃
佃製作所

　しかし、殿村の父、正弘は田んぼは運動場じゃないと反対する。それでも、佃は正弘に田んぼの３分の１でも今年から来年一杯、貸してもらえないかと頼んだ。

田んぼは貸せない！

　それを聞いた正弘は、横を向いてしまう。田んぼは正弘にとって、命と同じくらい大切なものだ。簡単に首を縦に振るはずもない。正弘の気持ちを考えると無理はないと佃は思った。

（第５章「禍福スパイラル」から要約）

Scene 10 禍福スパイラル

佃

「大切な田んぼを、こんな事業のために貸せないと思われたでしょう。・・・ぶしつけな提案で本当に申し訳ありません。この無人農業ロボットの根幹を成す自動走行制御技術は、ここにいる野木教授が長年の研究の末、開発したものです。野木教授と私は実は大学の頃からの友人でして」

正弘は、少し驚いたように顔を向けた。

佃

「いま日本の米づくりは様々な問題に直面しています。就農年齢は年々高齢化の一途を辿り、離農する人たちは後を絶ちません。このまま進めば日本の農業は担い手を失い、そう遠からぬ将来、米づくりは危機的な状況に直面するでしょう。・・・無人農業ロボットに私たちが挑戦するのは、金儲けのためだけではありません。日本の農業の力になりたいという大きな目標のためです。私も野木も、そして帝国重工さんも思いは同じです。・・・農業には様々な問題があって、それをひとつずつ解決していかないことには、将来の扉は開きません。このロボットは、その将来の扉を開く有効な手段のひとつです。・・・きっと、この技術は農業の在り方を変え、離農による就農人口の減少に歯止めをかける有効な手段になります。若手を農業に導くために、農業の担い手を増やし、農業の危機を救うために、この実験はどうしても必要なんです。・・・殿村さん、なんとか考えていただけませんか。この通りです」

佃は両手をついて頼み込んだ。

殿村

「オヤジ、なんとかいってくれ」

正弘は正座をして、佃たちと真正面から向き合った。

正弘

「私も同じことを考えていました、佃さん。・・・このままじゃ米づくりがダメになる。なんとかならないかとずっと思っていた。だけども私に思いつくことなんざ、限られていましてね。情けないことに、もうあきらめていたんだ。米づくりはもう自分の代で終わりだ。そう思っていました。・・・だけど、いまの佃さんの話をきいて心底、うれしかった。私と同じ志をもって、米づくりのことを、農業の未来のことを真剣に考えていてくれる人がいた。仲間がいたんだ。その仲間が、素晴らしい知恵を出して農業を救おうとがんばってくれている。こんなうれしいことがあるでしょうか。米が作れなくなっちまったら生きててもしょうがないと思っていました。だけど、いまは違います。生きててよかった。皆さんと会うことができてよかった」

正弘の思いがけないひと言に、佃たちは、瞬きすら忘れ、正弘を見つめていた。

正弘

「日本の農業のためにウチの田んぼが役に立つなら、こんなうれしいことはない。私からお願いします。どうか、日本の米づくりを、農業を救ってください」

正弘は涙を流し、深々と頭を下げた。

能力
10
働きかけ力

（第5章「禍福スパイラル8」から抜粋）

① 佃は、日本の農業の問題は何だと言っていますか。短くまとめましょう。

② 日本の農業の問題に対して、佃たちはどのような方法で解決しようとしていますか。

③ 正弘が「私も同じことを考えていました」と言っていますが、同じこととは何ですか。

① 正弘は佃の話を聞いて、佃や野木に対して、どのような印象をもったと思いますか。

② あなたが正弘の立場なら、田んぼを貸しますか。それはどうしてですか。

③ あなたが佃なら、どのように正弘を説得しますか。

④ 「働きかけ力」のある人とは、どのような人だと思いますか。

◎ 話し合ってみよう！

「考えてみよう！①〜④」について、他の人の考えを聞いてみましょう。

◎ 注目してみよう！

音声を聞きながら、もう一度 Scene10 を読んでみましょう。

① 佃は、どのような話し方をしていますか。

　　□　自分たちの考えが正しいことを、一方的に話している。

　　□　事実にもとづいて、論理的に話している。

　　□　相手の気持ちに配慮しながら、話している。

　　□　何のためにやるのか、目的をしっかり話している。

② 相手に協力してもらうためには、どのようなことが大切だと思いますか。

◎ 整理してみよう！

① 働きかけ力がわかりましたか。

- 働きかけ力とは、相手を尊重し、協力する意義、理由などをきちんとわかりやすく伝え、相手を動かす能力のこと
- 働きかけ力とは、周りの人と同じ目的に向かって、自らが行動することで、周りの人を動かす能力のこと

② あなたの「働きかけ力」をもっと高めるためには、どのようなことに気を付けたらいいと思いますか。

アサーティブ・コミュニケーション

　自分の意見を相手に伝えるとき、どのような態度や話し方をしているでしょうか。攻撃的な態度や話し方はもちろんですが、何でも相手に合わせてしまっても、コミュニケーションはうまくいきません。相手の立場や意見を尊重しながら、自分の意見を正確に伝えることが大切です。このようなコミュニケーションを「アサーティブ・コミュニケーション（Assertive Communication）」と言います。

自己表現の３つのタイプ

アグレッシブ Aggressive	相手の立場や意見は考えず、自分の意見ばかり言う
ノンアサーティブ Non-assertive	自分の言いたいことがはっきり言えず、相手の意見に従う
アサーティブ Assertive	相手の立場や意見を尊重しながら、自分の意見もしっかり言う

　ここで、佃のセリフをもう一度見てみましょう。佃たちは、殿村の父、正弘が長年世話をしてきた田んぼを使わせてほしいとお願いしますが、正弘はなかなか首を縦に振ってくれません。佃は「大切な田んぼを、こんな事業のために貸せないと思われたでしょう」と、正弘の気持ちに理解を示しています。一方で、「若手を農業に導くために、農業の担い手を増やし、農業の危機を救うために、この実験はどうしても必要なんです」と、田んぼを使わせてほしい理由をきちんと説明しています。

佃

「大切な田んぼを、こんな事業のために貸せないと思われたでしょう。・・・ぶしつけな提案で本当に申し訳ありません」
「いま日本の米づくりは様々な問題に直面しています。就農年齢は年々高齢化の一途を辿り、離農する人たちは後を絶ちません。このまま進めば日本の農業は担い手を失い、そう遠からぬ将来、米づくりは危機的な状況に直面するでしょう。・・・無人農業ロボットに私たちが挑戦するのは、金儲けのためだけではありません。日本の農業の力になりたいという大きな目標のためです。・・・若手を農業に導くために、農業の担い手を増やし、農業の危機を救うために、この実験はどうしても必要なんです。・・・殿村さん、なんとか考えていただけませんか。この通りです」

正弘

「私も同じことを考えていました、佃さん。・・・このままじゃ米づくりがダメになる。なんとかならないかとずっと思っていた。・・・米づくりはもう自分の代で終わりだ。そう思っていました。・・・だけど、いまの佃さんの話をきいて心底、うれしかった」
「日本の農業のためにウチの田んぼが役に立つなら、こんなうれしいことはない。私からお願いします。どうか、日本の米づくりを、農業を救ってください」

能力 10 働きかけ力

佃は正弘の気持ちを尊重しながら、何のために田んぼが必要なのか、自分の考えを誠実に伝えていることがわかります。その真剣な姿勢に、正弘も心を打たれ、よろこんで田んぼを貸してくれることになりました。このように、相手を尊重しながら自分の意見を伝える話し方をすると、相手に理解・納得してもらいやすくなりますね。

ただ、挑戦してないだけなんじゃないですか。
やればできるはずです。

第4章「プライドと空き缶2」より

創造力！

＼ 創造力とは・・・ ／

新しい価値を生み出す力

既存の発想にとらわれず、課題に対して新しい解決方法を考える。

経済産業省（2006）

チェックしてみよう！

グループで、イベントの企画を考えています。

Aさん	Bさん	Cさん	Dさん	Eさん
新しい企画を考えるのが面倒なので、去年と同じ企画にする。	他の人が提案した企画に賛成する。	今までやったことがある企画の中から、一番いい企画を選ぶ。	グループの人と話し合って、新しい企画を考える。	自分で情報を集めて、新しい企画を考える。

① あなたはどのタイプですか。

② 創造力があるのは、だれだと思いますか。

読む前に

☐ **作業機**　☐ **耕耘爪（ローター）**　☐ **畔塗り機**　☐ **センサー**

　帝国重工の無人トラクターの走行実験は、殿村家の圃場（田んぼ）を使って行われることになった。その圃場を一台のトラクターが走っている。トラクターの後ろに付いている作業機の中で耕耘爪が回転し、土煙が舞い上がっている。

作業機

耕耘爪（ローター）

畔塗り機　　　　　　　　　　トラクター

能力
11

創造力

　農道の横の空き地には小さな管理棟があり、そこに帝国重工と佃製作所のスタッフが通っている。スタッフの中には、ギアゴーストを辞めた島津もいた。佃は島津をトランスミッション開発チームの責任者として、佃製作所に迎え入れたのだ。島津と殿村、そして殿村の父、正弘は田んぼの畔道に立って、実験走行を見守っている。

（第6章「無人農業ロボットを巡る政治的思惑」から要約）

Scene 11 無人農業ロボットを巡る政治的思惑

島津

「ところで、殿村さん。あのトラクターを見て、何かお気づきになりませんか」

正弘

「作業機の形が違うな」

殿村

「たしかにそうだ。・・・耕耘用の
ローターじゃないんですか」

島津

「これ見てください」

殿村親子は島津のモバイル端末を覗き込む。

島津

「あの作業機にセンサーがついていまして、土壌の質を調べてるんです。センサーで分析した内容がこうしてモバイルに送られてきます。・・・土壌の質のばらつきを調べることによって、どんな種類の米が合うとか、どこの土壌にどんな肥料を入れたらいいとか、細かく管理することができるんです」

殿村

「ドローンを飛ばして把握するやり方は聞いたことがありますが」

島津

「それよりも精度の高い情報が得られるんです。将来的にはその情報にもとづいて、無人農業ロボットが自動で肥料の量や濃度を変えて撒いたりできるようになるでしょう」

殿村

「すごいな。どうやって思いついたんです？」

島津

「ほら、この前、畔を塗り直したでしょう。・・・どうしようかってみんなで話してたら、営業部の江原くんが、『アグリジャパン※』に、畔塗り機が出展されてたっていうんですよ。・・・そのときこの無人農業ロボットのことを土橋社長※※が知って、実は自分も考えていることがあるから是非、プロジェクトに参加させて欲しいということになったんです。・・・トラクターと作業機は元来、切っても切れないものなのに、無人での運用にこだわって、作業機がお留守になってたんです。そこにICTの付加価値をつけることで、無人農業ロボットの作業効率をさらに上げることができます」

正弘

「たまげるなあ、ほんとに。・・・なんでもできちまうじゃないか」

能力
11
創造力

島津

「そんなことないですよ。・・・無人で動くロボットも刻々と情報を入れてくるICT技術も、使う人があってこそ初めて有意義なものになります。米づくりのために本当に必要な手順や知識は、実は殿村さん、あなたの中にあるんです。あなたには他の農家にはできない、優れた米づくりのノウハウがあります。でも、それをあなたひとりのものにしていては、米づくりの未来は拓けません」

正弘

「オレの経験や知識を、さらけ出せってことか」

島津

「全てを公にする必要はありませんが、最低限必要な情報は客観的に閲覧可能な形にしておくといいと思います」

※アグリジャパン：毎年秋に開かれる来場者10万人以上の一大農業イベント

※※土橋社長：作業機のメーカーである土橋工業の社長

（第6章「無人農業ロボットを巡る政治的思惑1」から抜粋）

① 「どうやって思いついたんです？」とありますが、作業機にセンサーを付けることを思いついた経緯をまとめましょう。

畔を塗り直すために作業機メーカーの土橋社長に声をかけた。

→ _____

→ 作業機にセンサーを付けた。

② 土橋社長の「考えていること」とは何だと思いますか。

③ ICT が作業機にもたらした付加価値は何ですか。

◎ 考えてみよう！

① 作業機にセンサーを付けるという新しいアイデアが生まれたのは、どうしてだと思いますか。

② 新しいアイデアを生むためには、どのようなことが必要だと思いますか。

③ あなたなら、ICT 技術をどのようなことに活用しようと思いますか。

④ 「創造力」のある人とは、どのような人だと思いますか。

◎ 話し合ってみよう！

「考えてみよう！①〜④」について、他の人の考えを聞いてみましょう。

◎ 注目してみよう！

音声を聞きながら、もう一度 Scene11 を読んでみましょう。

① 佃製作所は、新しいアイデアを生むために、どのような行動をとりましたか。

- ☐ 情報を集めた。
- ☐ 情報をインターネットで発信した。
- ☐ 情報を組み合わせた。
- ☐ さまざまな企業や人とネットワークをもった。

② 新しいアイデアを生むために、どのようなことをしたらいいと思いますか。

◎ 整理してみよう！

① 創造力がわかりましたか。

- 創造力とは、新しい価値あるものを作るために、情報を集めながらヒントを探す能力のこと
- 創造力とは、考え方や技術など、複数のものを組み合わせ、新しいものを作り出す能力のこと
- 創造力とは、これまでの常識や発想を変え、新しいものや解決方法を考え出す能力のこと

② あなたの「創造力」をもっと高めるためには、どのようなことに気を付けたらいいと思いますか。

◉ 覚えておこう！

 # アナロジカル・シンキング

　もし、みなさんがいきなり新しい商品を考えて提案してくださいと言われたら、どうしますか。だれでも、何もないところから突然新しいアイデアが生まれるわけではなく、実は、今まで得た知識や考えがもとになっていることが多いのです。新しいアイデアを考え出すための方法のひとつに、「アナロジカル・シンキング（Analogical Thinking）」があります。アナロジカル・シンキングとは、異なるものの間に似ている点がないかを探す考え方です。アナロジカル・シンキングでは、まず、すでに知っている構造を借りる、そして、その構造を新しい分野に応用するという方法をとります。

アナロジカル・シンキングの流れ

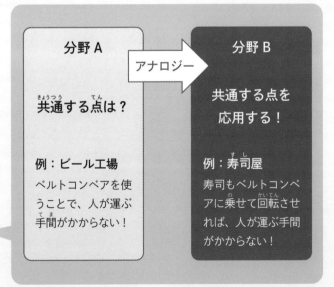

新しいアイデアを
生み出したい！

↓

挑戦する分野
について知る

↓

違う分野で似た構造の
ものがないか考える

↓

似た構造を借りて、
新しい分野に応用する

分野A

共通する点は？

例：ビール工場
ベルトコンベアを使うことで、人が運ぶ手間がかからない！

アナロジー →

分野B

共通する点を
応用する！

例：寿司屋
寿司もベルトコンベアに乗せて回転させれば、人が運ぶ手間がかからない！

　ここで、島津のセリフをもう一度を振り返りながら、佃製作所のアイデアを確認してみましょう。作業機のことはあまり考えていなかった島津たちですが、作業機メーカーの土橋工業がプロジェクトに参加してくれたことから、無人でのトラクターの運用だけでなく、作業機にも目を向けることを考え始めます。そして、トラクターに活かしていた ICT の技術を作業機にも活かし、作業機にセンサーを付けることを思いつきます。それによって、無人トラクターは、ただ自動で運転できるだけでなく、土壌の質を調べるという付加価値を付けることができました。

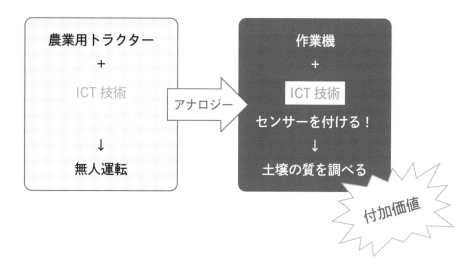

　このように、佃製作所は ICT 技術をトラクターだけでなく、作業機にも活かすことで、新しい価値を生み出すことができました。新しいアイデアが思い浮かばないとき、まずは異なる分野に目を向けて、いろいろな知識を得たり、自分の知っていることを当てはめてみたりするのもいいかもしれません。

> # オレたちの使命は、世の中に貢献することだ。
> 第 1 章「新たな提案と検討 6」より

柔軟性！
（じゅうなんせい）

\\ 柔軟性とは・・・ /

意見の違いや立場の違いを理解する力
（ちが）　　　（りかい）

自分のルールややり方に固執するのではなく、相手の意見や立場を尊重し理解する。
（こしつ）　　　　　（あいて）　　　（そんちょう）

経済産業省（2006）

◎ **チェックしてみよう！**

グループで、発表の資料を作成するための話し合いをしています。
（はっぴょう）（しりょう）（さくせい）　　　　　　　　（あ）

Aさん	Bさん	Cさん	Dさん	Eさん
自分と違う意見は聞かず、自分の意見も変えない。	自分と違う意見を聞いても、自分の意見は変えない。	自分と違う意見を聞いて、自分の意見をすぐに変える。	自分と違う意見を聞いて、なぜそう考えるのか考えてから、自分の意見を決める。	自分の意見を言ったり、相手の意見を聞いたりしながら、一番よいと思う案を決める。

① あなたはどのタイプですか。

② 柔軟性があるのは、だれだと思いますか。

読む前に

☐ ライセンス供与 ☐ 水耕地域

　ライバルである無人トラクター「ダーウィン」は、ダイダロスの重田やギアゴーストの伊丹たちが開発しており、発売してすぐは圧倒的な売上だった。しかし、故障が多く、少しずつ売上が落ちてきていた。そんな中、ギアゴーストの伊丹が佃製作所にやってきた。「ダーウィン」の故障の原因はトランスミッションによるもので、佃製作所が特許申請したトランスミッションの技術を使わせてほしいというのだ。伊丹には佃製作所を裏切った過去がある。それが許せない佃製作所は、伊丹の頼みを断った。

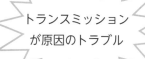

トランスミッションが原因のトラブル

佃

佃製作所

トランスミッションのライセンス供与依頼

申し出を断ったが…

ギアゴースト

伊丹

能力
12
柔軟性

　ある日、佃たちは殿村家で新しい無人農業ロボットを見学した。その帰り、水田が広がる水耕地域の農道を車で走っていると、田んぼの真ん中に一台のトラクターが立ち往生しているのを見た。それは「ダーウィン」だった。動かなくなったトラクターのすぐそばに農家の男と心配そ

うに見つめる家族がいた。駆け付けた農林協*の担当者はただひたすら農家の男に謝り、男は怒るに怒れず、泣き笑いの表情を浮かべる。その様子を佃たちは時を忘れて眺めていた。

*農林協：農業者や林業者が助け合うために組織された協同組合

（第9章「戦場の聖譚曲」から要約）

Scene 12 戦場の聖譚曲（せんじょうのオラトリオ）

佃

「『ダーウィン』を ── いやギアゴーストを見捨てるのは、さっきの農家のような人たちのことを見捨てるのと同じことかも知れないな。・・・ オレたちの目的は、日本の農業を救うことだよな。・・・ だったら救ってやれないか、あの人たちを。いや ── バカだなオレは。いくらなんでも、人が好すぎるか」

山崎

「いえ。人が好すぎるってことはないと思います。・・・救ってあげましょうよ。救うべきです」

島津

「私もそう思う。見捨てるべきじゃないです」

加納

「私も手を差しのべたいです」

軽部

「オレも賛成だな。・・・ああやってさ、一所懸命やってる人を見捨ててどうすんだ。困ってたぜ、あの人。助けを求めてたじゃないですか」

立花

「社長、お願いです。救っていただけませんか」

「ダーウィン・プロジェクト」に参加している企業の経営者を集めた全体会議で、伊丹たちは「ダーウィン」の受注および製造の停止を発表し、会場がざわつく。参加者から上がる不満の声に応えようとしたとき、会場に佃が現れる。

佃

「突然お邪魔して申し訳ありません。帝国重工の無人農業ロボット事業で、エンジンおよびトランスミッションの供給をしております、佃製作所の佃と申します。・・・先日、伊丹社長からライセンス使用について再三の申し出をいただいたのは、弊社が特許申請しているトランスミッション技術です。・・・伊丹さん

は私が断っても、何度も足を運び、ライセンス契約を締結させて欲しいと頭を下げられました。ですが、私は頑としてそれを拒否し続けました。

伊丹社長がいくら熱心でも、せっかく優位に立ったこのタイミングで、ライバルにわざわざ塩を送ることなどあり得ない——少し前まで私はそう思っていました。・・・先日、私は栃木県内にある水耕地域を訪ねました。・・・農道を走っていると、田んぼの真ん中でトラクターが一台、立ち往生しているじゃありませんか。申し上げにくいことですが、そのトラクターが『ダーウィン』であることは、すぐにわかりました。・・・農家の方の落胆と悔しさを目の当たりにし、私は胸が締め付けられる思いでした。そのとき、思い出したのです。帝国重工の無人農業ロボットの目標、理念とは、日本の農業を救うことだと。ならば、こうした方を救うのだって、我々の仕事なんじゃないか。どこのトラクターを使っていようと関係ない。この方たちによろこんでもらえるために、我々はできることをするべきじゃないか。それを話すと、そのとき一緒にいた社員たちはみんな賛成してくれました。ひとりとして反対しませんでした。・・・数日前、私は帝国重工へ行き、この話をしました。・・・財前さんはその話を聞くと、一も二もなく、ライセンス供与に賛成し、社内を調整してくださいました。・・・また、自動走行制御システムを提供している北海道農業大学の野木博文教授も、ぜひ『ダーウィン・プロジェクト』に手を差しのべてくれと、そうおっしゃってくれました。そのふたりの賛成意見をもって、私はいまここに参りました。・・・私たちの技術、どうか使ってください。そして、『ダーウィン』を信じて購入した農家の人たちを救っていただきたい。・・・もし、皆さんがここで賛同していただけるのなら、私は、日本の農業の発展のために、よろこんでライセンス契約に同意させていただきます」

（第9章「戦場の聖譚曲8,10」から抜粋）

能力
12
柔軟性

◎ **内容を確認しよう！**

① 佃の考えはどのように変化しましたか。

【伊丹からの申し出があったとき】

【「ダーウィン」が立ち往生しているのを見たとき】

② 立ち往生している「ダーウィン」を見た後の佃製作所の社員たちの考え、その話を聞いた後の財前、野木教授の考えや行動を整理しましょう。

	考え・行動
佃製作所の社員たち	
帝国重工・財前	
北海道農業大学・野木教授	

◎ **考えてみよう！**

① 佃の考えの変化について、どう思いますか。

② あなたなら、ライバル企業が困っていたら助けますか。それは、どうしてですか。

③「柔軟性」のある人とは、どのような人だと思いますか。

⊚ 話し合ってみよう！

「考えてみよう！①〜③」について、他の人の考えを聞いてみましょう。

⊚ 注目してみよう！

音声を聞きながら、もう一度 Scene12 を読んでみましょう。

① 立ち往生している「ダーウィン」を見た後、佃はどうしましたか。

    ☐ 本来の目的を思い出した。

    ☐ 社員たちと話し合った。

    ☐ 財前や野木教授に協力を頼んだ。

    ☐ 伊丹に電話した。

② 自分と違う考えを受け入れるために、必要なことは何だと思いますか。

⊚ 整理してみよう！

① 柔軟性がわかりましたか。

- 柔軟性とは、自分の意見をもちながらも、他の人の意見も尊重して受け入れる能力のこと

- 柔軟性とは、相手がなぜそのように考えたのか、相手の立場になって考える能力のこと

- 柔軟性とは、自分の意見に捉われることなく、状況や立場の違いを考えて、最もよい行動をとる能力のこと

② あなたの「柔軟性」をもっと高めるためには、どのようなことに気を付けたらいいと思いますか。

TAPS 法

問題がなかなか解決しないときや、相手の考えを変えられないときは、問題点から考え直すことも大切です。相手に問題点を自分のこととして理解してもらい、解決策を示す方法のひとつに「TAPS 法」があります。「TAPS 法」は、相手の考えを変えるだけでなく、自分自身の行動を客観的に振り返るときにも使えます。

TAPS 法とは？

最初に、今の姿（As is）つまり現状と、あるべき姿（To be）つまり理想を伝え、そのギャップから問題点（Problem）を明らかにし、解決策（Solution）を提案する伝え方です。

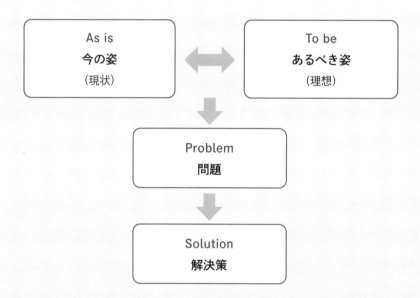

ここで、佃が全体会議の場でどのように話したか、もう一度振り返ってみましょう。佃は、まず、「あるとき、田んぼで『ダーウィン』が立ち往生していた」「農家の方の落胆と悔しさを目の当たりにした」という現実にあったこと（今ある姿）を伝えます。次に、「無人農業ロボットの本当の目的は、日本の農業を救うことだ」というあるべき姿を思い出したことを伝えます。佃製作所が特許申請したトランスミッションのライセンスを供与することで、『ダーウィン』の故障の問題が解決すれば、農家の人たちによろこんでもらえる。だから、「日本の農業の発展のために、よろこんでライセンス契約に同意する」と

話しています。

As is
- 田んぼの真ん中で「ダーウィン」が立ち往生していた。
- 農家の方の落胆と悔しさを目の当たりにした。

To be
- 無人農業ロボットの本当の目的は、日本の農業を救うことだ。

Problem
- 日本の農業を救うという理念を掲げながら、目の前にいるような農家の方を救うことができていない。

Solution
- 農家の方たちによろこんでもらえることをする(佃製作所が特許申請したトランスミッションのライセンスを供与する)。

　最初は、「トランスミッションのライセンスを供与してほしい」という伊丹からの申し出を断っていた佃ですが、現状と理想とのギャップを明らかにすることで、日本の農業を救うという理念を思い出し、伊丹からの申し出を受け入れることにしました。

　このように現状と理想を対比させながら何が問題かを整理していくと、自分も相手も納得する解決策を見つけ出すことができるんですね。

能力 **12** 柔軟性

> 世の中には、理解できないことも
> 思うようにならないこともあるさ。
>
> 第1章「新たな提案と検討1」より

「社会人基礎力（＝3つの能力・12の能力要素）」

今できることにチェック（✔）を入れてみよう。1年後、できることをもう一度チェックし、社会人基礎力を意識しよう。

3つの能力	12の能力要素		内容	現在	1年後
前に踏み出す力（アクション）	主体性 p.56	物事に進んで取り組む力	・自分がやるべきことは何かを考え、自ら取り組む		
			・自分の行動に責任をもって取り組む		
	働きかけ力 p.100	他人に働きかけ巻き込む力	・相手を尊重し、協力する意義、理由などをきちんとわかりやすく伝え、相手を動かす		
			・周りの人と同じ目的に向かって、自らが行動することで、周りの人を動かす		
	実行力 p.64	目的を設定し確実に行動する力	・目標に向かって、一つひとつ確実に実行していく		
			・目標に向かって、困難な状況でもあきらめずにやり続ける		
			・失敗を恐れずに、勇気をもって取り組む		
考え抜く力（シンキング）	課題発見力 p.82	現状を分析し目的や課題を明らかにする力	・今ある問題を見つけるために、情報を集めたり、分析したりする		
			・目指す結果をはっきりさせ、現状との差や問題点を見つけ出す		
	計画力 p.30	課題の解決に向けたプロセスを明らかにし準備する力	・問題を解決するための具体的な方法・プロセスを考える		
			・作業の優先順位をつけ、実現できる計画を立てる		
			・作業の進み具合に応じて、柔軟に計画を修正する		
	創造力 p.108	新しい価値を生み出す力	・新しい価値あるものを作るために、情報を集めながらヒントを探す		
			・考え方や技術など、複数のものを組み合わせ、新しいものを作り出す		
			・これまでの常識や発想を変え、新しいものや解決方法を考え出す		
チームで働く力（チームワーク）	発信力 p.22	自分の意見をわかりやすく伝える力	・実際の例やデータを使って、筋道を立てて具体的にわかりやすく伝える		
			・相手がどのような情報を求めているかを理解して伝える		
	傾聴力 p.48	相手の意見を丁寧に聴く力	・相手の話をくり返したり、共感したりしながら、相手の話を丁寧に聴く		
			・話題に関係のある質問をし、話しやすい状況をつくりながら、相手の話を聴く		
	柔軟性 p.116	意見の違いや立場の違いを理解する力	・自分の意見をもちながらも、他の人の意見も尊重して受け入れる		
			・相手がなぜそのように考えたのか、相手の立場になって考える		
			・自分の意見に捉われることなく、状況や立場の違いを考えて、最もよい行動をとる		
	情況把握力 p.74	自分と周囲の人々や物事との関係性を理解する力	・周りの人の情況（人間関係、忙しさなど）から、自分がやるべき役割を考え、行動する		
			・周りの人の情況（人間関係、忙しさなど）に気を配り、チームがよい方向へ向かうように行動する		
	規律性 p.90	社会のルールや人との約束を守る力	・自らの行動だけでなく、周りに与える影響を考え、責任ある行動をとる		
			・相手に迷惑をかけたとき、その場の状況に合った行動をする		
	ストレスコントロール力 p.38	ストレスの発生源に対応する力	・ストレスの原因を見つけ、対応する		
			・ストレスを自分の力や他の人の力を借りて取り除く		
			・ストレスに対する意識や考え方を変え、前向きに対応する		

経済産業省（2006）より　　　　　　　　　本書「整理してみよう！」より

PART 3

これまでの自分・これからの自分

このPARTでは、自分の過去を振り返り、自分の人生の中でどのように社会人基礎力が活かされてきたかを知り、将来の目標を定めることで、これからどのような力を身に付けなければならないかを考えます。

1. 過去を振り返る

（1）人生曲線　　（2）自分史

2. 将来のプランを考える

マンダラチャート

1 過去を振り返る

(1)「人生曲線」

　自分の過去を振り返ることは、自分を知り、将来へつなげるための第一歩です。まずは過去を振り返り、整理するための「人生曲線」を描いてみましょう。

　「人生曲線」とは、これまでの人生を振り返り、よかったとき、よくなかったときをグラフ化したものです。これまでの人生を整理し、あなたの人生に大きな影響を与えた出来事を見つけることができます。

◎「人生曲線」の描き方

1. よかったとき（うれしかった、楽しかった、面白かった）が、いつなのか、どのくらいよかったのか、グラフに点を打ちましょう。
2. よくなかったとき（悲しかった、つらかった、大変だった）が、いつなのか、どのくらいよくなかったのか、グラフに点を打ちましょう。
3. 点と点を曲線で結びましょう。
4. グラフの山と谷になっているところに、何があったかを書きましょう。

例）

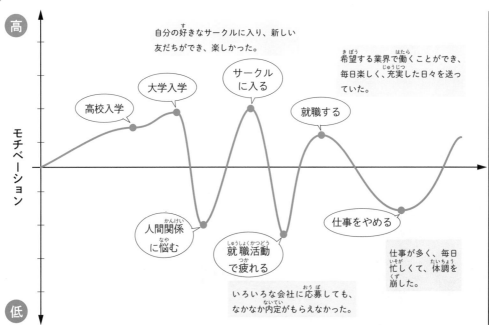

◉ 人生曲線を描いてみよう！

記入用紙はダウンロードできます！

◉ 「人生曲線」を分析しよう！

1. 人生曲線を見せながら、自分の人生について説明してみましょう。
2. よかったときの共通点は何ですか。モチベーションが上がったのは、どのような状況のときですか。
3. よくなかったときの共通点は何ですか。モチベーションが下がったのは、どのような状況のときですか。

(2)「自分史」

　自分史を作成することで、自分がこれまでどのような経験をし、何を考えたかを思い出します。過去の自分を知ることで、今の自分を見つめ直し、自分の長所や短所を理解できるようになります。

◎ 「自分史」の書き方

1. 「人生曲線」のグラフの山と谷になっているところに注目してみましょう。それぞれ、「印象に残っていること」を書き、そのとき「何を考え、どのように行動したか」、「どのような問題があったか」、そこから「何を学んだか」を書きましょう。
2. それぞれどのような社会人基礎力が活かされていたか、足りなかったか、「社会人基礎力（＝ 3 つの能力・12 の能力要素）」の表（p. 124）から関連する能力要素を選んで書きましょう。

谷→山　例）

いつ	印象に残っていること	何を考え、どのように行動したか	何を学んだか	活かされた社会人基礎力
大学	同じ学部の友だちとの人間関係に悩んでいたが、サークルに入り、新しい友だちができた。	狭い人間関係の中にいるより、交友関係を広げようと思い、自分の好きなサークルに入った。	悩んでばかりでなく、新たな環境に目を向け、行動することが大切であること。	ストレスコントロール力

山→谷　例）

いつ	印象に残っていること	どのような問題があったか	何を学んだか	足りなかった社会人基礎力
就職活動中	いろいろな会社に応募しても、なかなか内定がもらえなかった。	エントリーシートの締め切りが重なって余裕がなくなったり、面接が通らずやるべきことがわからなくなったりしてしまった。	目標を達成するためには、前もってしっかりと計画を立て、取り組むことが大切であること。	計画力

◉ 「自分史」を書いてみよう！

記入用紙はダウンロードできます！

いつ	印象に残っていること	何を考え、どのように行動したか	何を学んだか	活かされた社会人基礎力

いつ	印象に残っていること	どのような問題があったか	何を学んだか	足りなかった社会人基礎力

◉ 「自分史」を共有（きょうゆう）しよう！

「自分史」を見せながら、自分の長所や短所について説明（せつめい）してみましょう。

◉ 「自己（じこ）PR」を書いてみよう！

「自分史」から自己PRを書いてみましょう。

① 「自分史」から長所だと考えられることを1つ選んでみましょう。

② 結論（けつろん）：自分の長所

　　例）目標に向かって粘（ねば）り強く取り組み続（つづ）けることができる。

　根拠（こんきょ）：具体的（ぐたいてき）なエピソード

　　例）外資系（がいしけい）の企業（きぎょう）に就職（しゅうしょく）するために、語学試験に何度も挑戦（ちょうせん）し、高得点（とくてん）を取ることができた。

　まとめ：仕事への活かし方

　　例）会社のプロジェクトでうまくいかないことがあっても、何度も挑戦することができる。

記入用紙はダウンロードできます！

結論：自分の長所

根拠：具体的なエピソード

まとめ：仕事への活かし方

上の内容をまとめて、ひとつの文章にしましょう。

2 将来のプランを考える

「マンダラチャート」

将来のプランを考えるには、最終的なゴールを明確にし、それに到達するためにしなければならないことを理解する必要があります。そのための方法として、「マンダラチャート」があります。「マンダラチャート」は9×9の81マスで構成された目標達成ツールで、作成することによって、目標を達成するためにするべきことがわかります。

◎ 「マンダラチャート」の書き方

1. 真ん中のマスに最終目標を1つ書きましょう。できるだけ具体的に書きましょう。
2. 最終目標を達成するために、その周りのマス（8つ）に何をするべきか書きましょう。
3. その8つを達成するために、その周りのマス（8つ）に何をするべきか書きましょう。

例）

						資格を取る		
	経験を積む			ボランティア活動をする		自発的に取り組む	予習する	
						毎日読書をする	復習する	
			経験を積む	ボランティア活動をする	自発的に取り組む			自分のしたいことを考える
規則正しく生活する			規則正しく生活する	希望の企業に就職する	将来することを決める	将来することを決める		様々な企業を知る
			日々の目標を立てる	発言する	自信をもつ	将来の計画を立てる		毎日新聞を読む
				わからないとき、必ず質問する				筋トレする
日々の目標を立てる				発言する	自分から友だちに話しかける	自信をもつ		仲間を作る
				だれよりも先に発言する	グループディスカッションで積極的に発言する			なりたい自分を考える

記入用紙はダウンロードできます！

「マンダラチャート」

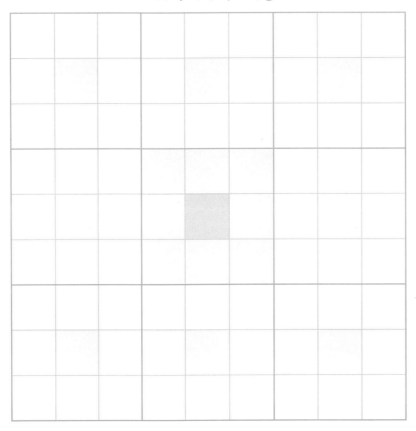

◉ **「マンダラチャート」の振り返り**

　マンダラチャートを作成したら、作成したことに満足せず、行動してみましょう。

　そして、マンダラチャートを振り返り、目標にどれだけ近づけたかをチェックしましょう。

俺はな、仕事っていうのは、二階建ての家みたいなもんだと思う。一階部分は、飯を食うためだ。必要な金を稼ぎ、生活していくために働く。だけど、それだけじゃあ窮屈だ。だから、仕事には夢がなきゃならないと思う。それが二階部分だ。夢だけ追っかけても飯は食っていけないし、飯だけ食えても夢がなきゃつまらない。

『下町ロケット』第6章「品質の砦5」より

参考文献

- 経済産業省 (2006) 「社会人基礎力に関する研究会 −「中間取りまとめ」−」
  https://www.meti.go.jp/committee/kenkyukai/sansei/jinzairyoku/jinzaizou_wg/pdf/001_s01_00.pdf (2023/1/2 閲覧)

- 経済産業省 (編集)・河合塾 (制作・調査) 『社会人基礎力 育成の手引き −日本の将来を託す若者を育てるために 教育の実践現場から』
  https://www.wakuwaku-catch.com/社会人基礎力/社会人基礎力育成の手引き/ (2022/10/23 閲覧)

- 横山征次 (2010) 『解雇されないための 50 の社会人基礎力─読めば身に付く、大不況時代を乗り切る究極のサバイバル・スキル』
  ポプラ社

- 島田恭子 (2019) 『わかる社会人基礎力─人生 100 年時代を生き抜く力』 誠信書房

- 山﨑紅 (2018) 『求められる人材になるための社会人基礎力講座 第 2 版』 日経 BP 社

- 箕浦とき子・髙橋恵 (編) (2018) 『看護職としての社会人基礎力の育て方 第 2 版─専門性の発揮を支える 3 つの能力・12 の能力要素』 日本看護協会出版会

- 堀公俊 (2021) 『ビジネススキル図鑑』 日本経済新聞出版

- 株式会社アンド (2018) 『ビジネスフレームワーク図鑑─すぐ使える問題解決・アイデア発想ツール 70』 翔泳社

- 株式会社アンド (2019) 『思考法図鑑─ひらめきを生む問題解決・アイデア発想のアプローチ 60』 翔泳社

- 村山昇 (2020) 『スキルペディア─360 度の視点で能力を哲学する絵事典』 ディスカヴァー・トゥエンティワン

- STUDY HACKER (2020) 「「PREP 法」なら誰でも論理的な文章が書ける!」
  https://studyhacker.net/prep-method (2022/10/23 閲覧)

- マケフリ (2020) 「PREP 法とは? 相手に伝わる「わかりやすい」説明の構成」
  https://makefri.jp/work/7551/ (2022/10/23 閲覧)

- CANVAS (2018) 「5 分で理解! ストレスコーピングとは? 分かりやすく解説します」
  https://mynavi-agent.jp/dainishinsotsu/canvas/2018/03/5-9.html (2022/10/23 閲覧)

- 富士通ラーニングメディア (2018) 「ストレスコーピングの意味って? 種類や解決法について詳しく解説します【具体例】」
  https://www.knowledgewing.com/kcc/talent-management/blog/2018/12/18/stresscoping.html (2022/10/23 閲覧)

- 営業ハック (2022) 「【主体性の正体とは?】仕事に主体性が必要な本当の理由と主体的に働く 4 つのステップ」
  https://hiroshi-sasada.com/blog/wakate-joushi/ (2022/10/23 閲覧)

- WORKSHIFT DESIGN (2019) 「「PDCA サイクル」とは具体的に何をするのか」
  https://www.desknets.com/media/workshift45/ (2022/10/23 閲覧)

- 大鐘良一・小原健右 (2010) 『ドキュメント 宇宙飛行士選抜試験』 光文社

- GLOBIS CAREER NOTE (2022) 「フォロワーシップとは? リーダーシップとの違いや実践方法」
  https://mba.globis.ac.jp/careernote/1239.html (2022/10/23 閲覧)

- 日経 XTECH (2018) 「組織・チームの力はこう高める」
  https://xtech.nikkei.com/atcl/nxt/column/18/00046/00001/ (2022/10/23 閲覧)

- KATSUIKU ACADEMY (2019) 「デザイン思考 (デザインシンキング) とは? 初心者でもわかりやすくまとめたデザイン思考のプロセスとマインドセット」
  https://www.katsuiku-academy.org/media/designthinking/ (2022/10/23 閲覧)

- HUMAN RESOURCE PROFESSIONAL (2021) 「「デザイン思考」とは何か? 5 つのプロセスやフレームワーク、企業事例などを解説」
  https://www.hrpro.co.jp/series_detail.php?t_no=2472 (2022/10/23 閲覧)

- P.F. ドラッカー (2001) 『マネジメント [エッセンシャル版] 基本と原則』 (上田惇生編訳) ダイヤモンド社

- 平木典子 (2021) 『三訂版アサーション・トレーニング さわやかな〈自己表現〉のために』 日本・精神技術研究所

- Schoo for Business (2022) 「アナロジー思考とは? そのメリットや身に付け方について解説する」
  https://schoo.jp/biz/column/1160 (2022/10/23 閲覧)

- 松村剛志 (2018) 『仕事も人生もうまくいく!【図解】9 マス思考マンダラチャート』 青春出版社

- 久保田学 (2022) 『改訂版 留学生のための就職内定ワークブック』 日本能率協会マネジメントセンター

【著者紹介】

鹿目 葉子（かのめ ようこ） 立教大学国際化推進機構日本語教育センター教育講師。
早稲田大学社会科学部卒、桜美林大学大学院国際学研究科修士課程修了。修士（日本語教育学）。タイ王国ラチャモンコン大学クルンテープ校教養学部日本語学科専任講師、タイ王国カセサート大学人文学部東洋言語学科日本語科専任講師、東京国際大学 Japanese Language Institute 日本語専任講師を経て現職。

大橋 真由美（おおはし まゆみ） 東京福祉大学留学生教育センター特任講師。
東京国際大学商学部商学科卒、立命館大学大学院修士課程修了。修士（言語教育情報学）。韓国グローバル外国語学院専任講師、韓国東亜大学日語日文学科招聘教授、韓国弘益大学教養学部助教授、国際外語・観光・エアライン専門学校日本語科専任講師、東京国際大学 Japanese Language Institute 日本語専任講師を経て現職。

榎原 実香（えばら みか） 東京工業大学リベラルアーツ研究教育院講師。
大阪大学外国語学部日本語専攻卒、同大学大学院言語文化研究科言語文化専攻博士後期課程修了。博士（言語文化学）。京都工芸繊維大学非常勤講師、大阪観光大学非常勤講師、大阪経済法科大学非専任講師、神戸学院大学非常勤講師、東京国際大学 Japanese Language Institute 日本語専任講師を経て現職。

〈研究論文〉
鹿目葉子・大橋真由美・榎原実香（2021）「新時代に向けたビジネス日本語教科書の提案―大学における社会人基礎力の育成を目指して―」『BJ ジャーナル』第 4 号
http://business-japanese.net/journal/BJ004/2_thesis1.pdf

【ビジネス関連 監修者紹介】

中嶋 裕（なかじま ゆたか） 株式会社日本能率協会マネジメントセンター シニア HRM コンサルタント。
慶応義塾大学卒業後、専門商社にて経営企画、広報、営業を担当。市場調査及びコンサルティング業界を経て、ビジネス系専門学校で講師職に携わる。株式会社日本能率協会マネジメントセンターに入社し、ビジネスリーダー、管理職向けの教育研修を中心に活動。筑波大学大学院修士課程修了（経営学）。中小企業診断士。

『下町ロケット』で学ぶ！ 12の社会人基礎力

2023 年 2 月 10 日　第 1 刷発行

出典	池井戸 潤『下町ロケット』シリーズ／小学館文庫
著者	鹿目 葉子・大橋 真由美・榎原 実香
本文デザイン・DTP	朝日メディアインターナショナル株式会社
装丁デザイン	長尾 和美（株式会社アンパサンド）
イラスト	坂木 浩子（ぽるか）
印刷・製本	シナノ書籍印刷
発行人	岡野 秀夫
発行所	くろしお出版

〒 102-0084　東京都千代田区二番町 4-3
Tel: 03-6261-2867　　Fax: 03-6261-2879
URL: https://www.9640.jp　Email: kurosio@9640.jp